LA GUÍA DEFINITIVA DEL MODO CREATIVO DE MINECRAFT

Minecraft y los nombres de sus personajes son marcas registradas de Mojang Synergies AB. Todas las capturas de pantalla e imágenes de los personajes y acciones de juego tienen el © de Minecraft Mojang Synergies AB. Este libro no está avalado por Mojang Synergies AB

Puedes consultar nuestro catálogo en www.picarona.net

La guía definitiva del modo creativo de *minecraft*
Texto: *Eddie Robson*

1.ª edición: octubre de 2025

Título original: *The Ultimate Guide to Minecraft Creative Mode*

Traducción: *Juli Peradejordi*
Diseño y creación: *Dynamo Ltd.*
Maquetación: *El Taller del Llibre, S. L.*
Corrección: *Sara Moreno*

Edita: Picarona, sello infantil de Ediciones Obelisco, S. L.
Collita, 23-25. Pol. Ind. Molí de la Bastida
08191 Rubí - Barcelona - España
Tel. 93 309 85 25
E-mail: picarona@picarona.net

ISBN: 978-84-9145-866-1
DL B 12.653-2025

Printed in China

LA GUÍA DEFINITIVA DEL MODO CREATIVO DE MINECRAFT

¡CREA TUS PROPIAS CONSTRUCCIONES ÉPICAS DE *MINECRAFT*!

 Picarona

CONTENIDO

BIENVENIDO AL MODO CREATIVO DE MINECRAFT

**El modo Creativo te ofrece una cantidad infinita de bloques...
¡y ni siquiera tienes que recoger al terminar!**

¡LA EMOCIÓN CRECE POR MOMENTOS!

Mientras que algunos jugadores adoran *Minecraft* por la exploración, la aventura y la satisfacción de construir un hogar con los materiales que han recolectado y fabricado ellos mismos, otros lo hacen como una forma de expresar su creatividad. En este libro te enseñaremos técnicas para llevar tus construcciones al siguiente nivel e incluso desarrollarlas en tus propios minijuegos para que tus amigos puedan jugar con ellas.

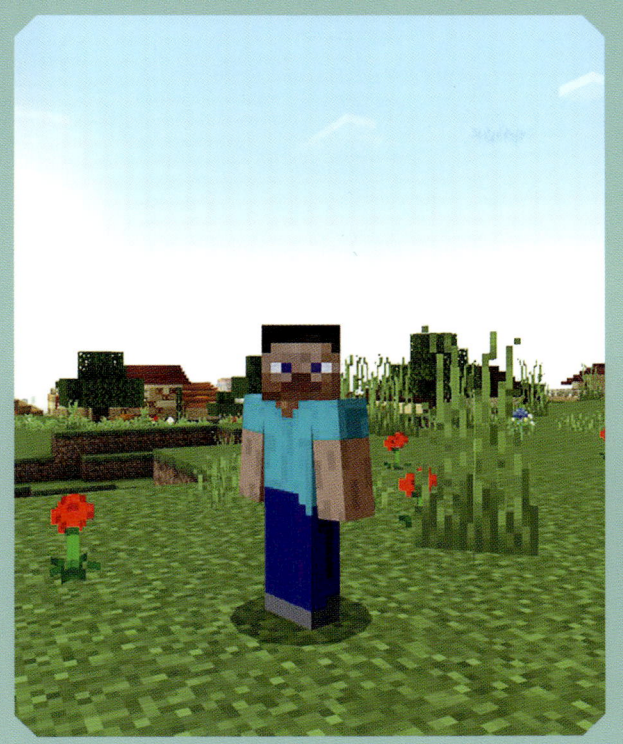

NI SALUD NI HAMBRE

Puede ser difícil concentrarse en una construcción épica cuando tienes que parar constantemente para comer o te están atacando esqueletos. En el modo Creativo no tienes que preocuparte por nada de eso (en el mundo del juego, claro está... ¡Recuerda parar para comer en la vida real!).

CAPACIDAD DE VOLAR

En el modo Supervivencia tienes que mantenerte de pie sobre tu construcción mientras la haces, lo cual puede resultar limitante, y molesto, cuando caes y mueres. Poder flotar en el aire te da más libertad y te permite ver tu construcción desde todos los ángulos.

FUNDAMENTOS DE LA CONSTRUCCIÓN

El modo Creativo ofrece todo un abanico de posibilidades, pero hay ciertas técnicas y enfoques que utilizarás constantemente.

A veces, un poco de planificación puede marcar la diferencia. Sigue leyendo para descubrir el conocimiento y las técnicas esenciales para principiantes...

ELECCIÓN DE BLOQUES

En el modo Creativo no te limita la cantidad de bloques que puedas minar, ¡pero tener demasiadas opciones también puede ser un problema!

PARTICULARIDADES DEL MODO CREATIVO

En el modo Superviviencia no encuentras huevos generadores, generadores de criaturas o bloques de comando, pero sí en el modo Creativo. Éstos te dan más control sobre tu mundo y demuestran que el modo Creativo no vale sólo para construir estructuras y admirarlas (aunque también puede ser así, por supuesto): puedes hacer que el entorno cobre vida e incluso crear tus propias experiencias de minijuegos.

ASPECTO VS. FUNCIONALIDAD

Dependiendo de cómo planees hacer uso de tus construcciones, puede que necesites pensar más en su aspecto o en su función. Si sólo te interesa construir por el simple hecho de hacerlo, no te preocupes demasiado por qué material usar: simplemente busca el bloque que encaje. Pero si van a ocurrir cosas en tu mundo, debes considerar algunos aspectos de los materiales como su solidez o inflamabilidad.

MEZCLA LOS MATERIALES

La combinación de materiales es esencial. Si sólo usas uno o dos tipos de bloque, tu construcción probablemente quedará un poco aburrida. Si usas demasiados tipos, podría quedar algo caótica.

Así que, antes de empezar, experimenta con distintos bloques. Prueba colocando varios en el suelo como una especie de paleta de colores para ver cómo quedan colocados juntos.

ESTILO *VINTAGE*

Si quieres que un edificio parezca antiguo, mezcla algunas piedras agrietadas y con musgo, o incluso piedras de otro tipo. Si quieres que parezca que ha sido reparado o renovado, usa materiales que no coincidan. Para un aspecto más moderno, el hormigón y la piedra pulida son la mejor opción.

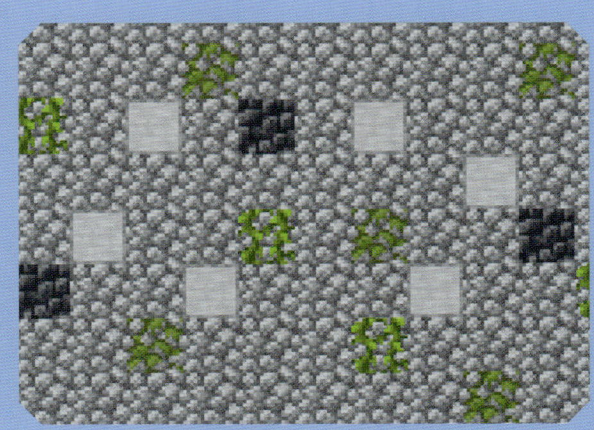

LA SIMETRÍA

Del primer al último bloque que coloques, elegir la simetría o la asimetría afectará a tu construcción.

¿QUÉ ES LA SIMETRÍA?

La simetría significa simplemente que cada lado de algo es una imagen espejada de otra cosa. Resulta útil al planear una construcción porque simplemente implica repetir en un lado lo que ya has hecho en el otro. Una construcción simétrica tendrá un aspecto ordenado, y si buscas un estilo clásico —como algo de la antigua Grecia o Roma, un palacio o una casa señorial o simplemente una casa de aspecto pulcro—, ésta es probablemente la mejor opción.

¿POR QUÉ USAR LA ASIMETRÍA?

Si piensas en edificios reales, muchos no son simétricos. Muchas casas tienen, por ejemplo, la puerta a un lado. Éste es un enfoque más moderno. Puedes hacer que una construcción parezca más interesante haciéndola asimétrica; y si quieres que tenga un estilo orgánico, como la casa en el árbol que veremos más adelante en el libro, definitivamente querrás también hacer uso de la asimetría.

UN POCO DE AMBOS

Puedes también combinar la simetría y la asimetría en una misma construcción. Por ejemplo, si tienes un patio con edificios alrededor: podrías hacer que los edificios fueran asimétricos, pero usar una disposición simétrica para todo el patio, de modo que los edificios de un lado reflejen los del otro.

CURVAS

A veces, los bloques de *Minecraft*... bloquean. ¡Pero hay formas de superarlo!

DANDO VUELTAS

Para que sea más sencillo, todo en *Minecraft* está compuesto de ángulos rectos. Pero hay formas de juntar estos ángulos para crear algo parecido a una curva. ¡Los bloques no tienen que usarse siempre como se supone que deben usarse! Por ejemplo, coloca escalones y losas en diferentes ángulos para crear bordes distintos a los del bloque estándar. También puedes copiar las figuras que aparecen abajo para crear fáciles círculos en *Minecraft*.

 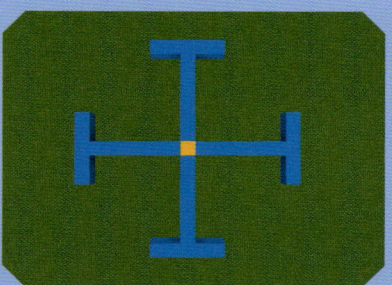 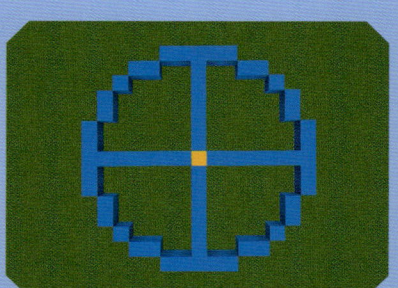

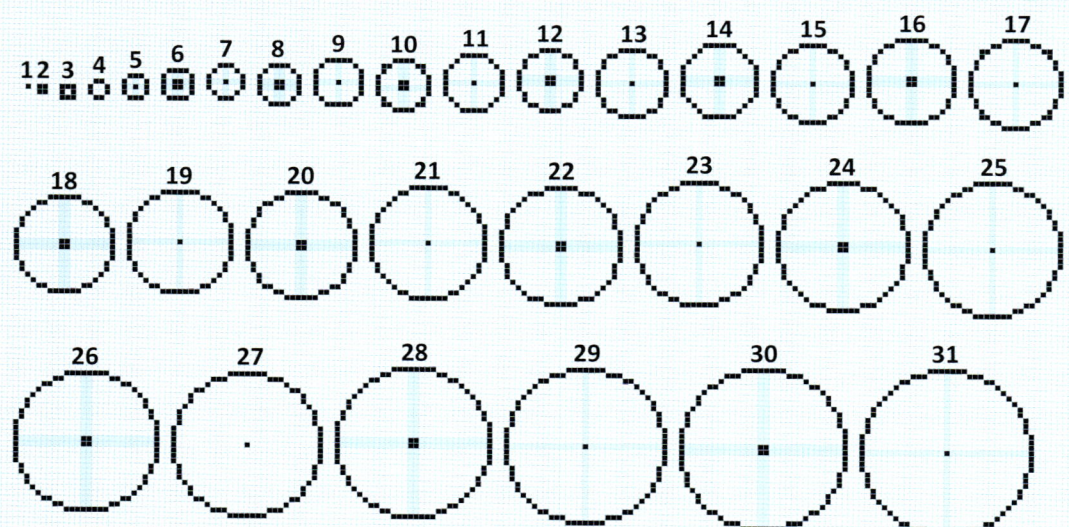

CREA UNA ESFERA

Aquí tienes una guía práctica para crear una esfera de 16 pisos. Comienza con el nivel 1, construye el nivel 2 encima y así hasta llegar a los niveles 8 y 9. Luego ve descendiendo. Puedes adaptar esto para cúpulas, omitiendo algunos de los niveles o todos del 1 al 8.

CURVAS VS. ÁNGULOS

Ambas elecciones de diseño que veis aquí abajo son válidas: el ángulo tiene un aspecto más pulido; la curva parece más parte del paisaje natural.

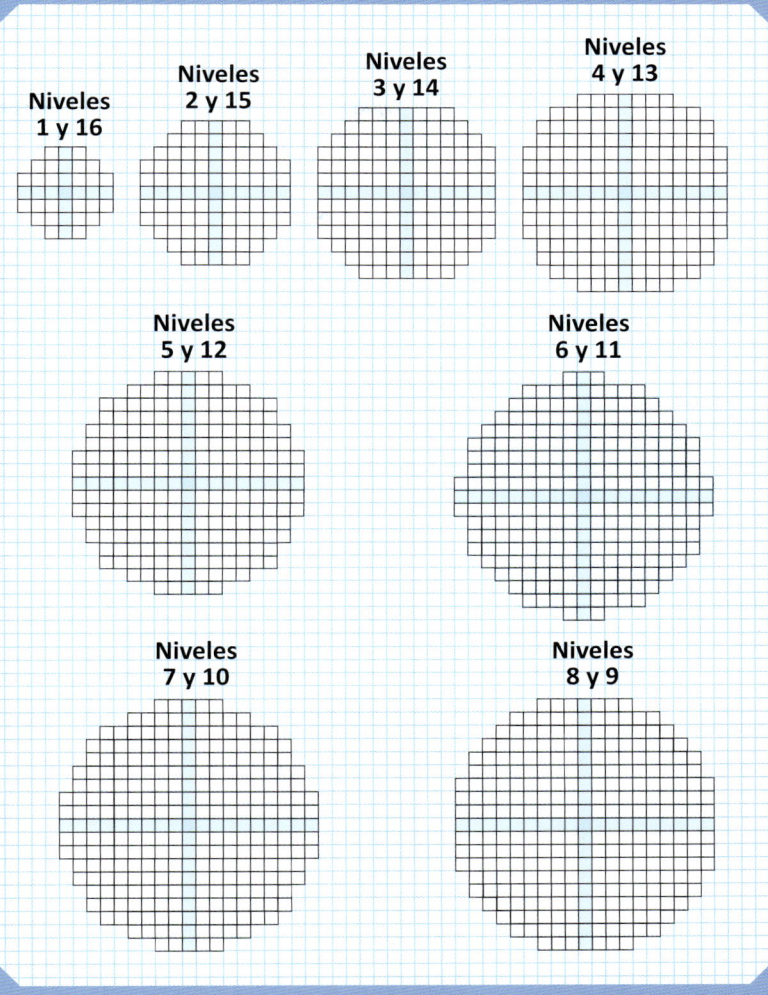

BIOMAS

Minecraft ofrece distintos entornos para distintas experiencias.

¿QUÉ ES UN BIOMA?

En geografía, un «bioma» es la combinación particular de plantas y animales que viven en un entorno determinado, como un bosque o un desierto. En *Minecraft,* usamos el término para referirnos a una región del mundo del juego. Tratar de encontrar el bioma adecuado para tu construcción tiene todo el sentido del mundo: si quieres construir una pirámide, busca un desierto.

EL CLIMA

Mientras estás construyendo, puede que quieras configurar el clima como despejado y mantener el día de forma permanente. Algunas construcciones temáticas pueden verse mejor en la oscuridad o con lluvia.

CRIATURAS ACTIVADAS O DESACTIVADAS

Las «criaturas» *(mobs* en inglés, abreviatura de «objeto móvil») son el resto de los seres vivientes que aparecen en el juego. Desactivar la aparición de criaturas es una alternativa útil al modo Pacífico, ya que te permite elegir qué criaturas generar usando huevos generadores.

TIPOS DE BIOMAS

Hay siete categorías principales de biomas: **nevados, fríos, templados, cálidos, oceánicos, subterráneos** y **neutrales** (el Nether y el End tienen sus propios biomas). Dentro de cada categoría de biomas hay varias subcategorías. Algunos se generan a determinadas alturas o en situaciones concretas, como donde la tierra se encuentra con el mar.

MUNDO POR DEFECTO

La configuración predeterminada generará aleatoriamente un mundo con una mezcla de biomas y diferentes alturas de terreno. Puedes optar por trabajar con esto y explorarlo para encontrar el tipo de terreno que deseas para tu construcción.

MUNDO PLANO/SUPERPLANO

Puedes elegir un paisaje plano, así no tendrás que demoler una montaña para expandir tu ciudad. Incluso puedes elegir un mundo sin ningún tipo de rastro, útil para hacer pruebas, aunque la mayoría de las construcciones se ven mejor en un paisaje más interesante.

MUNDO PERSONALIZADO

Con configuraciones personalizadas, puedes hacer que ciertos biomas no aparezcan en tu mundo, además de configurar cosas como la profundidad del lecho rocoso (el nivel más allá del cual ya no se puede excavar). Java Edition ofrece aún más opciones personalizadas, para aquéllos a los que esta opción les llama más la atención.

LOS COMANDOS

Los comandos pueden ahorrarte un montón de tiempo al trabajar en grandes proyectos.

COMANDOS

Llevar a cabo cualquier gran construcción en *Minecraft* implica tener que dedicar una buena cantidad de tiempo al trabajo repetitivo, como rellenar paredes y suelos. Para ello precisamente se introdujeron los comandos. Se escriben en la barra de chat (pulsa la tecla «T» para abrirla) y se pueden usar para generar superficies planas, reemplazar ciertos bloques y crear o eliminar grandes cantidades de bloques. ¡Ya no hace falta destruir cada uno de los bloques de una pared para moverla dos filas hacia atrás!

¡RELLÉNALO!

El comando «fill» («rellenar», en inglés) se puede usar para crear grandes formas y completar tus construcciones. Te evita tener que colocar cada bloque, uno por uno, y te permite hacerlo en segundos en lugar de horas.

COORDENADAS

Para usar el comando «fill», es importante entender las coordenadas. Puedes ver tus coordenadas seleccionando la opción «mostrar coordenadas» en la configuración del juego.

La longitud de los tres ejes es igual al tamaño de un bloque.

El **eje X** mide la longitud (este u oeste).
El **eje Y** mide la elevación (cuán alto o bajo).
El **eje Z** mide la latitud (norte o sur).

COORDENADAS AL CUBO

Si miras tus coordenadas, verás tres números. Éstos indican tu posición en el eje. El primer número es tu valor X, el segundo es tu valor Y y el tercero es tu valor Z.

El comando «fill» requiere que le indiques al juego dos puntos entre los que deseas rellenar con bloques, así como el material con el que deseas rellenar el espacio.

Para construir un cubo, colócate en la primera esquina del cubo donde quieres que esté y anota tus coordenadas. Luego ve a la esquina opuesta más alejada de donde quieres que se ubique el cubo y haz lo mismo. Cuando tengas ya esos dos conjuntos de coordenadas, puedes rellenar

el espacio entre ellos escribiendo un comando «fill», tal que así:

/fill 0 0 0 10 10 10 concrete 0

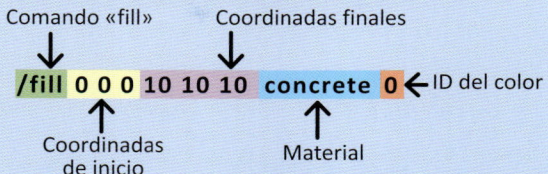

Comando «fill» — Coordenadas finales — /fill **0 0 0** **10 10 10** **concrete** **0** ← ID del color — Coordinadas de inicio — Material

Esto le dice al juego que rellene desde las coordenadas X, Y, Z de 0, 0, 0 hasta las coordenadas X, Y, Z de 10, 10, 10 con hormigón blanco *(concrete,* en inglés). «Concrete» es el ID del bloque y el 0 se refiere al ID del color del bloque. Este número puede cambiarse para obtener un color diferente.

POSICIÓN: 47 -59 25

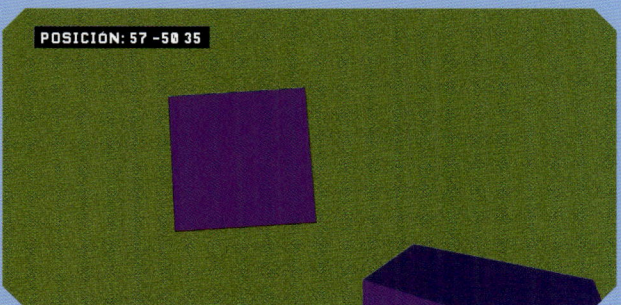

POSICIÓN: 57 -50 35

CUBEANDO

Aquí puedes ver nuestras coordenadas estando sobre el bloque amarillo (la primera esquina del cubo) y nuestras coordenadas estando sobre el bloque púrpura (la esquina opuesta). Ahora sólo queda escribir el siguiente comando:

/fill 47 -59 25 57 -50 35 concrete 0

POSICIÓN: 40 -59 25
1210 BLOQUES LLENOS

TODO SOBRE LA VIRGULILLA

Una vez que has entendido cómo funcionan las coordenadas, puedes probar una forma aún más rápida de usar el comando «fill»: con el símbolo de la virgulilla. Cuando escribes coordenadas en la barra de comandos, puedes usar el símbolo ~ para referirte a tu propia posición, sin necesidad de conocer tus coordenadas exactas. Por ejemplo, ~~~ se refiere a tu posición exacta en los tres puntos de coordenadas.

Si agregas un número después del símbolo ~ te refieres a una posición a esa cantidad de bloques de ti. De este modo, ~10~10~10 sería a 10 bloques de ti en todos los ejes. ~10~~ sería a 10 bloques de tu posición sólo en el eje X, ~~10~ serían 10 bloques en el eje Y, y ~~~10 serían 10 bloques en el eje Z.

EXTENSIÓN DEL CUBO

Aquí demostramos cómo construir un cuboide, viendo cómo cada eje corresponde a la forma que estamos construyendo. El bloque amarillo es la posición inicial. Los bloques rojo, verde y azul muestran cuántos bloques contar para el comando final.

Escribe: **/fill ~~~ ~4~2~6 concrete 0**

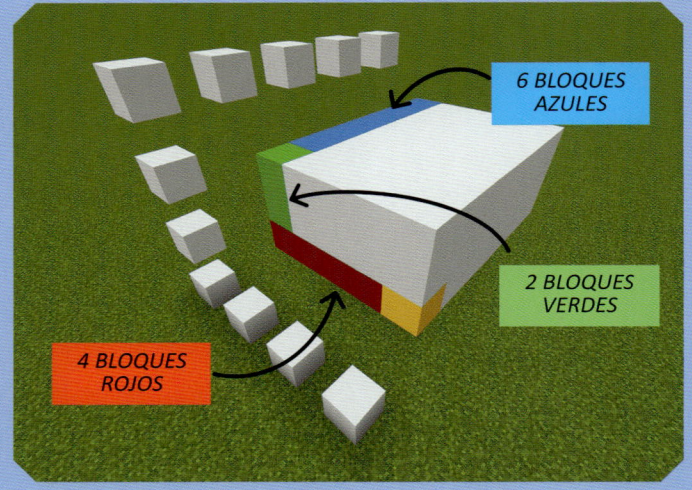

6 BLOQUES AZULES

2 BLOQUES VERDES

4 BLOQUES ROJOS

Esto le dice al juego que construya desde tu posición hasta **4 bloques en el eje X, 2 bloques hacia arriba en el eje Y y 6 bloques en el eje Z.** Esto da como resultado un cuboide con dimensiones de 5 x 3 x 7, porque tu posición inicial es 1 x 1 x 1, y estás diciendo cuántos bloques agregar.

Las coordenadas también pueden tener valores negativos, así que con ~~ −4~ construyes 4 bloques hacia abajo en el eje Z.

FORMA SÓLIDA

Las formas sólidas pueden parecer un poco aburridas, pero pueden ser especialmente útiles si quieres empezar a esculpir una figura más compleja, como un escultor que talla una roca.

ESPACIO VACÍO

Si prefieres crear una forma hueca, puedes modificar el comando con la palabra «hollow». Esto mandará construir una figura hueca de un bloque de grosor hasta las coordenadas que indiques. Es muy útil para construir habitaciones u otros espacios habitables.

Por ejemplo, ¿por qué no pruebas esto?
/fill ~~~ ~5~10~5 quartz_block 1 hollow

¡DATE UN CHAPUZÓN!

Usa el comando:

/fill ~~~ ~8~3~8 water

Prueba a quitar la parte superior de una figura hueca y a llenarla con agua. Aquí lo hemos hecho usando el bloque morado como punto de partida y contando cuántos bloques queríamos llenar a partir de él.

HILANDO FINO

Aquí hemos reemplazado algunos bloques con prismarina para darle textura a nuestra construcción, pero ¿y si quieres cambiar el cuarzo original por otro material? Pues bien, el juego tiene un comando llamado «replace» que te permite reemplazar cualquier bloque, dentro de las coordenadas que tú indiques, por otro bloque que elijas. Hemos marcado aquí el rango deseado con un bloque morado y un bloque amarillo. Vamos a reemplazar los bloques de cuarzo por hormigón blanco, usando el modificador «replace». Escribe el comando «fill» como normalmente lo harías, añadiendo el material que deseas utilizar después de las coordenadas. Luego escribe «replace» y el ID del bloque que quieres reemplazar.

Así: **/fill ~~~ ~11~6~11 concrete 0 replace quartz_block 1**

COPIA Y PEGA

Uno de los comandos más útiles en *Minecraft* es el comando «clone». Éste puede ayudarte a copiar construcciones en otra ubicación al instante. Clonar requiere tres conjuntos de coordenadas. Los dos primeros conjuntos de coordenadas X, Y, Z definen el rango que deseas copiar y el tercer conjunto indica el bloque específico donde quieres que se copie la construcción. Nosotros lo hicimos así:

/clone -4 60 61 8 -53 73 -4 -60 81

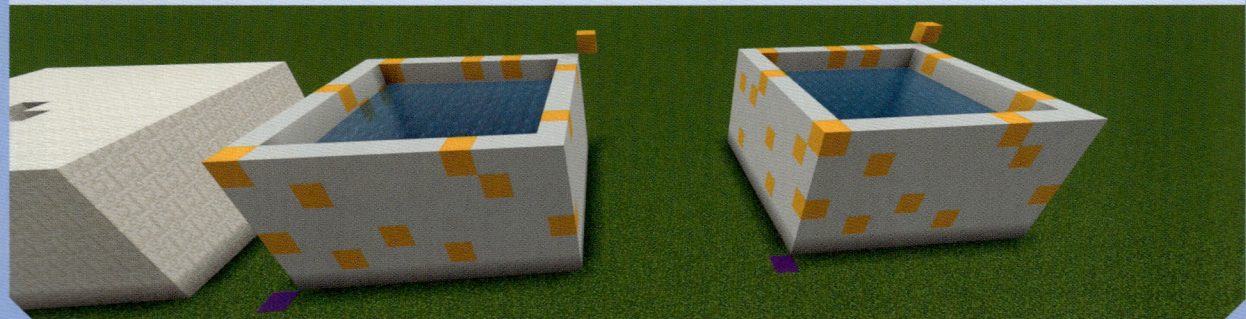

CAMBIA LOS MATERIALES

Aquí te enseñamos cómo puedes clonar y luego cambiar los materiales de forma rápida en tu construcción.

Usa: **/fill ~~~ ~11~6~11 wood 1 replace concrete 0**

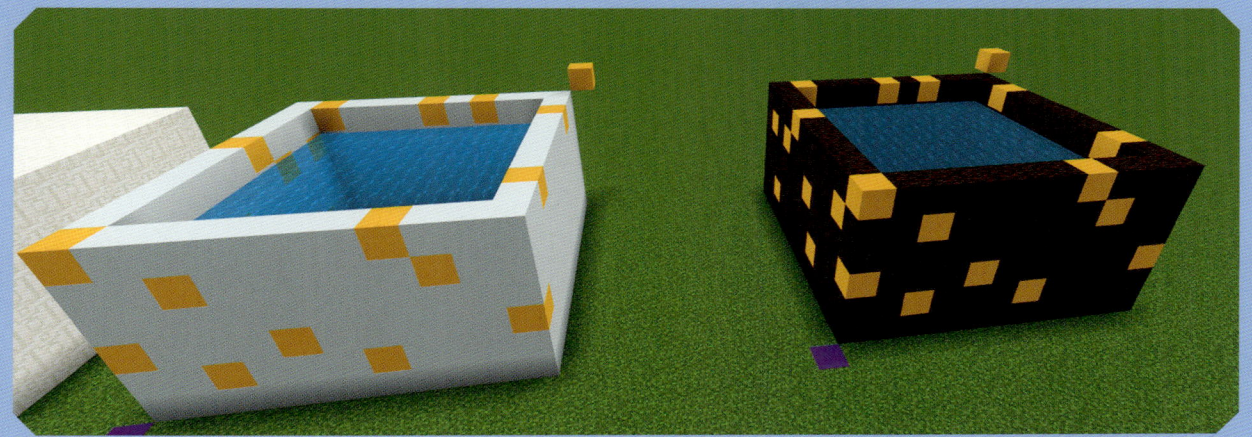

¡AHORA TE TOCA A TI!

Éste es un ejemplo de cómo podrías usar estos principios para copiar una construcción entera y luego reemplazar rápidamente algunos bloques para añadir algo de variación. Usar estas técnicas puede hacer que construir algo como una aldea sea mucho más rápido y simplificará en gran medida la construcción de tus proyectos más ambiciosos. ¡Esto te deja más tiempo para ser creativo!

TEXTURAS

Usar diferentes superficies y efectos puede dar una nueva vida a tu construcción.

PATRONES PERFECTOS

La textura de un bloque es el patrón que tiene en su superficie: la gran mayoría de los bloques de *Minecraft* tienen un patrón conformado en una cuadrícula de 16x16. Hay disponibles paquetes de texturas descargables para cambiar la apariencia de bloques y objetos, lo cual puede ayudarte a obtener el aspecto que deseas para tus espacios. Si tienes Java Edition también puedes usar «shaders», un tipo de modificador que altera cosas como sombras en objetos y reflejos en el agua.

VIDRIO

Normalmente, el vidrio en *Minecraft* es transparente, pero con los shaders adecuados, puedes hacerlo más reflectante, como se muestra aquí. Esto puede realmente transformar un espacio haciendo que refleje la luz, pero quizá necesitarás un ordenador potente para usarlo.

HOGAR, DULCE HOGAR

La primera construcción en modo Creativo de muchos jugadores de *Minecraft* es una casa y... ¿por qué no? A todos nos gusta imaginar cómo sería vivir en nuestro hogar ideal y *Minecraft* te ofrece todo lo que necesitas para poder hacerlo. Si quieres crear una construcción realmente personal, ¡una casa es el proyecto perfecto!

EL HOGAR

Si pudieras vivir en cualquier sitio, ¿dónde vivirías?

UN DISEÑO PARA TODA LA VIDA

Si has jugado en Supervivencia, probablemente ya habrás construido una casa, aunque sea sólo una pequeña choza de madera para ponerte a salvo. ¡Pero en el modo Creativo puedes ser mucho más ambicioso!

CONSTRUIDO POR: NICKHMC

VILLA VACACIONAL

Esta villa en una isla privada se integra muy bien en el paisaje: los árboles le dan una sensación de privacidad y aislamiento. También es un buen ejemplo de construcción asimétrica: las columnas alrededor del porche son un detalle genial.

CASA EN EL CAÑÓN

Casas que podrían ser poco prácticas en la realidad pueden construirse en *Minecraft* fácilmente, como ésta ubicada sobre un cañón. El diseño moderno, blanco y liso contrasta maravillosamente bien con los bloques de musgo que la integran con el paisaje.

Los pilares negros en el lado izquierdo combinan con las paredes de la alta sala en el otro extremo de la casa, lo que hace que este diseño se vea equilibrado.

El uso de hormigón blanco y negro en la mayor parte de esta casa hace que cualquier otro material llame verdaderamente la atención.

Este diseño tiene espacios exteriores en varios niveles, incluyendo un jardín, un comedor y una piscina.

CASA ESTILO SAVANNAH

Esta construcción utiliza los colores más brillantes que ofrecen los tablones de acacia. Los postes de la valla ubicados alrededor de las ventanas son un gran ejemplo de cómo usar algo de forma distinta al que es su propósito original: son mucho más delgados que los bloques normales.

CASA ESTILO TUDOR

El estilo Tudor usaba grandes vigas de madera maciza para el armazón de la casa y esto se ve reflejado de forma ingeniosa en este diseño: el constructor ha hecho las vigas con troncos de roble oscuro, en lugar de tablas. Las tablas se usan para los detalles alrededor de las vigas.

MANSIÓN

Una casa majestuosa necesita un entorno majestuoso: el jardín de una casa como ésta es tan importante como el edificio en sí. La simetría de este jardín hace que parezca muy diseñado y elaborado, y refleja la simetría de la propia casa.

CASA ECOLÓGICA

Está diseñada para integrarse con el paisaje, por lo que el material principal son tablas de madera. Una capa de tierra en el tejado da soporte a un estanque, ¡lo que hace que la casa sea prácticamente invisible desde arriba!

CASA MODERNA

El estilo moderno utiliza materiales de colores claros (cuarzo, en este caso) y tiene techos planos y ventanas que van del suelo al techo. Con un diseño tan simple, la elección del material secundario es importante: el ladrillo desnudo contrasta muy bien con la lisura del material principal.

CONSTRUIDO POR: TOMONMARS

CASA DE CAMPO

En este diseño hay mucha simetría, incluso en los setos bajo las ventanas y las macetas. Las contraventanas son trampillas de abeto. No se cierran sobre las ventanas, ¡pero quedan bien!

TERRAZA DE ACACIA

Los patrones en la superficie de ciertos bloques pueden usarse como elementos de diseño. Por ejemplo, los «anillos» de los troncos de acacia parecen, cuando se colocan en el suelo, un diseño geométrico del pavimento, como se puede ver en esta construcción.

REGRESO AL END

Probablemente reconozcas esto como un bloque de marco de portal del End, pero aquí se ha usado como buzón porque las formas en cada lado parecen ranuras. Sólo esperemos que tu correo no acabe en el End...

CURSO DE CIMENTACIÓN

La base de pizarra de esta casa es un bonito detalle que la hace destacar frente al resto del paisaje. Se han usado bloques de mangle para crear un tejado con una pendiente más suave que la que ofrecerían los escalones y su mismo color se repite en el soporte del farol.

CONSTRUIDO POR: **SOPHIE**

CONSTRUIDO POR: **GABRIEL ROBSON SPOONER**

CASA EN EL PUERTO

Este refugio contra las tormentas marinas es un buen ejemplo de cómo usar tres materiales principales —roble, cuarzo y madera deformada— para dar variedad a una construcción sin que resulte recargada. Los postes de valla en la base llenan ese lado sin bloquear la luz.

UN ASPECTO TERROSO

Esta casa está construida dentro de una ladera, por lo que se han usado ladrillos de barro y bloques de barro compactado para darle un aspecto acorde con el entorno. Se han usado trampillas para hacer que la puerta principal sea más alta.

PUNTOS FOCALES

La gente tiende a organizar los muebles del salón orientándolos hacia algo, como esta chimenea con un cuadro encima. Observa el uso de trampillas para mejorar los sillones: ¡las trampillas tienen muchos usos distintos en el diseño de interiores!

¡NO ES-TANTERÍA!

Las paredes llenas de estanterías ocupan mucho espacio y pueden ser algo aburridas al mirar, así que rompe un poco con la monotonía: este diseño incorpora un atril, que combina bien con las estanterías, así como un cofre y una linterna.

ALCOBAS

Las estanterías y los espacios de almacenaje a menudo están empotrados en las paredes de las casas, así que recuerda que tus paredes no tienen por qué ser completamente planas. Ésta, por ejemplo, incorpora dos estanterías (simplemente ten en cuenta cómo se verá esto desde el otro lado).

HAZTE UNA ALFOMBRA

Usa lana para dar a tus interiores una sensación más acogedora. Puedes crear alfombras simplemente colocando dos bloques de lana uno al lado del otro en la segunda fila de la mesa de trabajo.

SISTEMAS DE ENTRETENIMIENTO

La forma más simple de crear una televisión en *Minecraft* es hacerla montada en la pared. El tocadiscos al lado es simplemente un marco con un disco de música dentro... ¡una pena que no se puedan meter en un tocadiscos real!

UN TOQUE PÚRPURA

Queda bien repetir colores en diferentes zonas de una habitación. Aquí, las sillas y la mesa (hechas de púrpura con lados carmesí) combinan con la lámpara (una ranaluz nacarada) y la vela púrpura al fondo.

COCINA MODERNA

¡Aquí se hace un uso muy creativo de los objetos! El horno está hecho con marcos luminosos y trampillas como fogones. Los armarios usan trampillas de acacia. Los brotes en macetas sirven como plantas decorativas. Un soporte para pociones y alimentos sobre la encimera completan la escena.

QUEDARSE A CUADROS

Un suelo a cuadros en blanco y negro se ve elegante en una cocina; ésta usa pilares de cuarzo para añadir textura. Las estanterías se crean colocando trampillas; una piedra de afilar funciona como soporte para cuchillos; y los estantes con libros de cocina son un añadido genial.

COCINA EXTERIOR

Este bar y cocina de playa dispone de una fila de soportes de pociones que representan una estantería de botellas sobre la zona de servicio. El sutil patrón del mostrador de detrás se crea con cajas de shulker... que además sirven como almacenaje.

CONSTRUIDO POR: **EVERYTHINGBURRITO1**

BAÑO DE AZULEJOS

El diseño limpio y minimalista de los baños modernos encaja muy bien en *Minecraft*. Aquí, los azulejos cubren sólo hasta la mitad de la pared y contrastan —y a la vez combinan perfectamente— con el hormigón blanco. Una piedra de afilar se ha reinventado aquí como cabezal de ducha.

BAÑO DE PIEDRA

Las paredes de calcita aquí crean un efecto elegante. La toalla colgada en la pared es un estandarte liso y las velas apagadas al borde de la bañera parecen botellas de champú.

CONSTRUIDO POR: **GABRIEL ROBSON SPOONER**

ADORNOS

Los pequeños detalles pueden ser algo complicados de elaborar en *Minecraft,* pero hacen que una casa se convierta en un verdadero hogar: usar este cráneo como decoración es una idea inteligente, ya que estos objetos siempre miran hacia ti al colocarlos, por lo que puedes situarlos en diagonal. Esto da a la habitación un aire más informal y realista.

MAXIMIZANDO EL ESPACIO

En este diseño se ha creado una cama alta (estilo cabina) colocando una cama normal sobre dos trampillas y dejando espacio debajo para una mesa de trabajo y una estantería. Asegúrate de tener un lugar donde poner una escalera.

DORMITORIO SETA

Un sencillo motivo de diseño puede repetirse en distintas partes de una habitación. En este caso se ha construido una cama con bloques de seta en lugar de usar una cama normal y se ha repetido el diseño en el suelo a modo de alfombra. Dos setas sobre las mesitas de noche completan el diseño.

CAMA CON DOSEL

¡Esto sí que es elegante! Una cama de estilo antiguo es fácil de crear con vallas. Una de verdad tendría, además, cortinas: podrías recrearlo añadiendo más estandartes al marco.

CAMA DE CABINA

Una cama no tiene por qué aparecer sola: aquí forma parte de todo un mueble multifuncional, con estantes, un barril tipo armario a un lado y una escalera que lleva a la cama en el otro. Un andamio con una trampilla añadida hace de silla.

DORMITORIO ELEGANTE

Otra cama mejorada, con bloques de madera usados para hacer un cabecero más sólido y trampillas al pie de la cama. Se han utilizado más trampillas para crear estanterías al lado y encima y, de nuevo, tenemos una alfombra a juego que unifica la habitación.

BASE SUBTERRÁNEA

¡Vente al lado oscuro!

BAJO TIERRA, POR ENCIMA DE TODO

Pocas cosas en la vida son tan satisfactorias como una base subterránea, y en *Minecraft* puedes hacerlas tan amplias y profundas como desees, sin las preocupaciones habituales de posibles hundimientos. Y como no hay un exterior, ¡puedes concentrarte completamente en el interior!

ENMÁRCALO

Puedes llevar tus herramientas contigo o guardarlas en un cofre, pero colocarlas en marcos de objetos añade valor a la habitación e indica su razón de ser. Poner un marco sobre una mesa de trabajo indica que la herramienta puede ser «dejada» encima.

LISTO PARA EL MURO

Si usas cofres diferentes para cosas distintas, tiene sentido poner un cartel en ellos... o, si prefieres algo visualmente más atractivo, usa marcos de objetos. Mira cómo este constructor ha alternado cofres dobles con simples.

Si haces una habitación así, con techos altos, tiene sentido colgar las lámparas con cadenas, para que la luz quede más cerca del suelo.

Esta base imita los techos curvos que suelen usarse en espacios subterráneos reales: las curvas distribuyen el peso del terreno encima de forma que no tengan puntos débiles.

41

LA ALDEA

En lugar de una casa grande en medio de la nada, prueba a construir una gran comunidad de casas más pequeñas...

ALDEA DE PESCADORES

Al construir una aldea, es buena idea trabajar con el paisaje, como en esta aldea pesquera, levantada justo al borde de la costa, con escalones que bajan hasta el agua. Fíjate cómo las construcciones sobre el agua tienen enredaderas que trepan por sus paredes.

Estos edificios junto al agua tienen un aspecto más moderno e industrial. Podría ser perfectamente donde se empaqueta el pescado para su transporte.

CONSTRUIDO POR: **NICKHMC**

ALDEA EN EL DESIERTO

Esta construcción combina historia y fantasía. La estructura tipo templo en el borde, que está junto a la estatua gigante de un creeper, se inspiró en los zigurats mexicanos. Sin embargo, son las paredes las que realmente unifican toda esta construcción, con su diseño elegante y coherente.

CONSTRUIDO POR: **MOOFIEMOOF**

Una estructura tan antigua como este templo clásico le da un aire de tradición e historia a tu aldea. ¡Algo digno de ver por visitantes!

TIENDA DE FLORES

Ésta es una excelente idea para una tienda. ¡Hay montones plantas diferentes en *Minecraft!* Aquí, se usan marcos de objetos para representar las semillas utilizadas para cultivar esas plantas.

PANADERÍA

De nuevo, aquí también los marcos de objetos son muy útiles para formar un menú visual sobre el mostrador. El pastel se puede colocar como un bloque, ¡y cortarlo! Usa más marcos de objetos si quieres colocar otros alimentos sobre el mostrador.

HUERTO

Tienes que colocar las plantas cerca del agua para que puedan crecer. Pero ¿por qué no hacer de tu huerto algo más que unos simples canales llenos de agua? Aquí están elevados, enmarcados y bien iluminados.

CARACTERÍSTICAS DE LA ALDEA

Trampillas..., ¿hay algo que no puedan hacer? Las trampillas de roble se usan sobre una ranaluz color ocre para crear un farol. Un caldero colgado de una cadena hace maravillosamente bien de cubo para el pozo.

ESPACIO Y CAMINOS

Los edificios en una aldea deben estar bien espaciados. Construye en las zonas planas y deja espacios vacíos entre ellos. Los caminos dan, instantáneamente, una sensación de «comunidad».

FUENTES DE AGUA

Un estanque es un elemento comunitario relajante y no necesita estar conectado a ninguna otra fuente de agua. Puede tener un aspecto natural como éste o puede ser más estructurado, con bordes pavimentados. Adornarlo con flores y un banco lo hará más atractivo.

CENTRO DE ALDEA

Una estatua funciona bien como punto focal. No tiene que ser tan grande como algunos de los monumentos que aparecen más adelante en este libro: un diseño pequeño y sencillo puede aportar mucho carácter a una aldea. El cobre usado aquí tiene un bonito efecto de envejecimiento natural.

ENCUENTRA TU CAMINO

La piedra musgosa es una parte esencial de cualquier sendero de aldea. Este diseño mezcla adoquines y ladrillos de piedra, ambos con variantes cubiertas de musgo. También puedes mezclar algunos ladrillos de piedra agrietados si quieres que el camino realmente parezca antiguo y desgastado.

MANTENIENDO LA ESTABILIDAD

Este gran establo se adapta al paisaje en lugar de intentar modificarlo: fíjate en cómo el poste de soporte de la izquierda está más elevado que el de la derecha. Los postes también usan troncos en lugar de tablas para dar la impresión de troncos enteros.

CONSTRUIDO POR: **SOPHIE**

CONSTRUIDO POR: **SOPHIE**

CONSTRUIDO POR: **SOPHIE**

UN CONJUNTO DE CORRALES

En el establo hay una red de corrales con puertas para mantener a los caballos dentro. Las vallas de roble combinan bien con las antorchas en las esquinas. Si quieres poner nombre a tus caballos, puedes colocar carteles en sus corrales ¡y luego recuerda cuál es cuál!

IMPRESIONA A TUS VACAS

Al igual que el establo, este elegante granero utiliza troncos para los postes verticales, haciendo que el armazón parezca hecho de troncos enteros. La variedad de elementos de madera es lo que realmente destaca en este diseño: el toldo sobre la puerta está hecho con hogueras apagadas.

¡ARRIBA, MÁS ARRIBA Y LEJOS!

Construir en el cielo puede añadir otra dimensión a tu mundo de *Minecraft*... o un toque de fantasía. Construye sobre una torre de bloques y luego destrúyela para dejar tus creaciones flotando libremente.

GLOBOS AEROSTÁTICOS

Da tus primeros pasos por el cielo...

¡ARRIBA QUE VAMOS!

Los globos no sólo son una excelente introducción a la construcción en el cielo, también son una excelente manera de practicar construcciones esféricas.
¡Y luego puedes relajarte en ellos y mirar tu mundo desde arriba!

CONSTRUIDO POR: TOMONMARS

GLOBO CON CAPAS

Este diseño simplifica un poco la figura del globo al añadir otra capa sobre el globo principal, lastrada con balizas que también proporcionan luz. Estos detalles hacen que el globo se vea especialmente bien de noche.

MECHA PRENDIDA

Los globos aerostáticos usan una llama para calentar el aire y hacerlo subir. Puedes imitarlo con una antorcha, pero esta construcción usa una hoguera para crear un efecto todavía más impresionante.

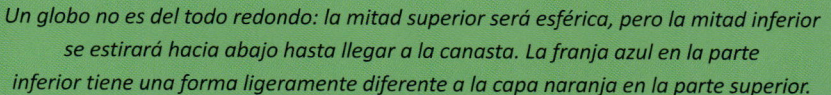

Un globo no es del todo redondo: la mitad superior será esférica, pero la mitad inferior se estirará hacia abajo hasta llegar a la canasta. La franja azul en la parte inferior tiene una forma ligeramente diferente a la capa naranja en la parte superior.

La canasta tiene un aspecto de «tejido», creado al colocar los bloques de roble oscuro con rayas de manera que la veta se vea que va en diferentes direcciones. Experimenta con cómo se ve cada bloque dependiendo de dónde lo coloques.

DESCENDIENDO

Las franjas verticales pueden ayudarte a dar forma al globo correctamente. Éste tiene ocho franjas moradas que se extienden hacia fuera desde la parte superior. Si las construyes primero, tendrás un armazón para el resto.

¡PIRATAS DEL CIELO!

¡Al abordaje, grumetes! Cuando ya hayas dominado la forma del globo, puedes intentar diseños más ambiciosos como esta calavera con huesos cruzados. ¡Sólo asegúrate de no pinchar el globo con tu sable sin querer!

VIAJE ARCOÍRIS

Los globos suelen ser coloridos para que destaquen en el cielo, lo que significa que son una buena oportunidad para hacer una construcción muy colorida. La franja blanca con bordes negros en el centro de este globo le da una sensación de estructura visual.

CONSTRUIDO POR: WOLFGANG_COWBOY

GAS Y CRISTAL

Éste es un ejemplo perfecto de cómo elegir materiales por su aspecto en lugar de por su función. Nunca podrías hacer un globo aerostático real con vidrio tintado..., pero sí puedes en *Minecraft,* ¡y queda increíble!

GLOBO DEL AMOR

Al trabajar en un diseño como este corazón, puede ser útil construir antes el globo en un solo color y conseguir primero que la estructura esté bien. Luego puedes reemplazar bloques para crear el diseño. ¡Los más simples suelen funcionar mejor!

MÁS LIGERO QUE EL AIRE

Puedes experimentar haciendo globos con todo tipo de bloques. Por ejemplo, éste está hecho con linternas marinas y se ve espectacular por la noche. ¿Qué más podrías probar? ¿Bloques de cactus? ¿Calabazas iluminadas?

ISLAS FLOTANTES

¡Para algo realmente espectacular, construye un mundo de fantasía en el cielo!

MAZMORRA EN EL CIELO

Esta construcción está inspirada en la mazmorra Farum Azula del juego *Elden Ring*, que tiene una cúpula de estilo catedralicio. Hay un contraste entre el orden que se atisba del diseño original, con su simetría y patrones repetidos (fíjate en las columnas alrededor del edificio principal), y los lugares en los que se ve que está derrumbándose.

El camino que lleva de un lado al otro del edificio se ha roto aquí, dejando bloques sueltos flotando en el aire.

La base de cada parte de la estructura se extiende hacia abajo hasta desmoronarse, un efecto visual sencillo pero impactante.

MOLINO DE VIENTO

Los vientos son siempre más fuertes aquí arriba, así que una isla flotante es el lugar perfecto para construir un molino. ¡Las enredaderas en éste sugieren que lleva tiempo sin funcionar!

CONSTRUIDO POR: **CAMBERPLAYS**

CONSTRUIDO POR: **LESHAGLOOM**

TERMINAL ESPACIAL

Esta construcción en el cielo, hecha en el End, usa «sculk» como material para la isla flotante: este material brilla pero no ilumina, lo cual es muy efectivo en la oscuridad. El corazón de la torre es obsidiana llorosa, que sí es luminosa.

CONSTRUIDO POR: **EVERYTHINGBURRITO1**

CASA FLOTANTE

Si de verdad quieres alejarte de todo y de todos, intenta pasar unas vacaciones en esta cabaña: tiene un hermoso jardín y te garantizamos que sólo te molestarán los pájaros que vuelan alto. Eso sí, las conexiones de transporte no son precisamente lo mejor de la casa...

CONSTRUIDO POR: **EVERYTHINGBURRITO1**

ISLAS EN EL END

Otra construcción en el End: esta cadena de islas flotantes tiene lianas de cueva con bayas luminosas colgando de ellas. El agua que corre entre las islas y cae hacia el infinito es un detalle magnífico.

ISLA DEL CEREZO EN FLOR

Nada más pacífico que un jardín de cerezos en el cielo. Lana rosa y roble oscuro dan el aspecto adecuado al árbol; faroles, velas y barreras de vidrio rosa lo complementan a la perfección.

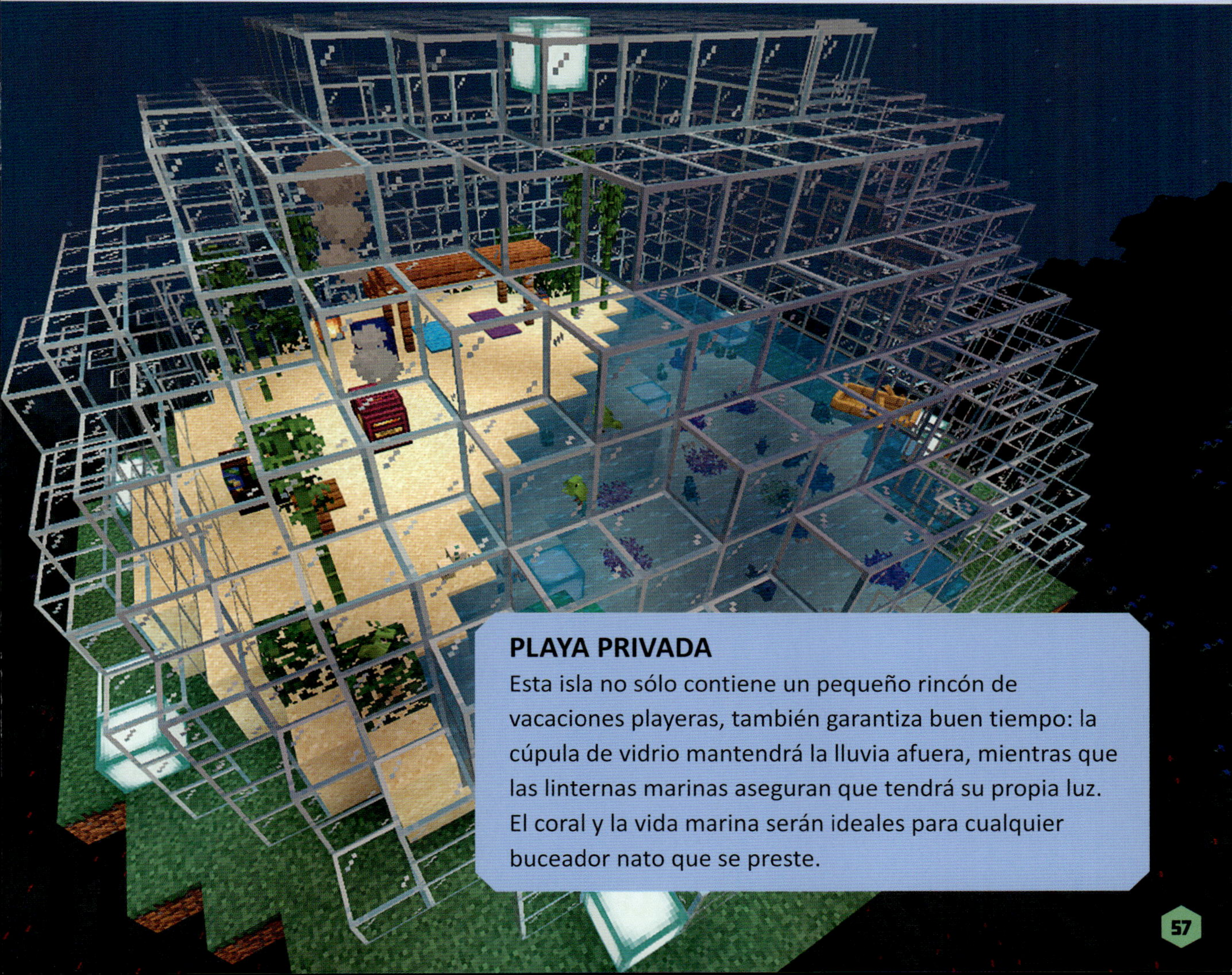

PLAYA PRIVADA

Esta isla no sólo contiene un pequeño rincón de vacaciones playeras, también garantiza buen tiempo: la cúpula de vidrio mantendrá la lluvia afuera, mientras que las linternas marinas aseguran que tendrá su propia luz. El coral y la vida marina serán ideales para cualquier buceador nato que se preste.

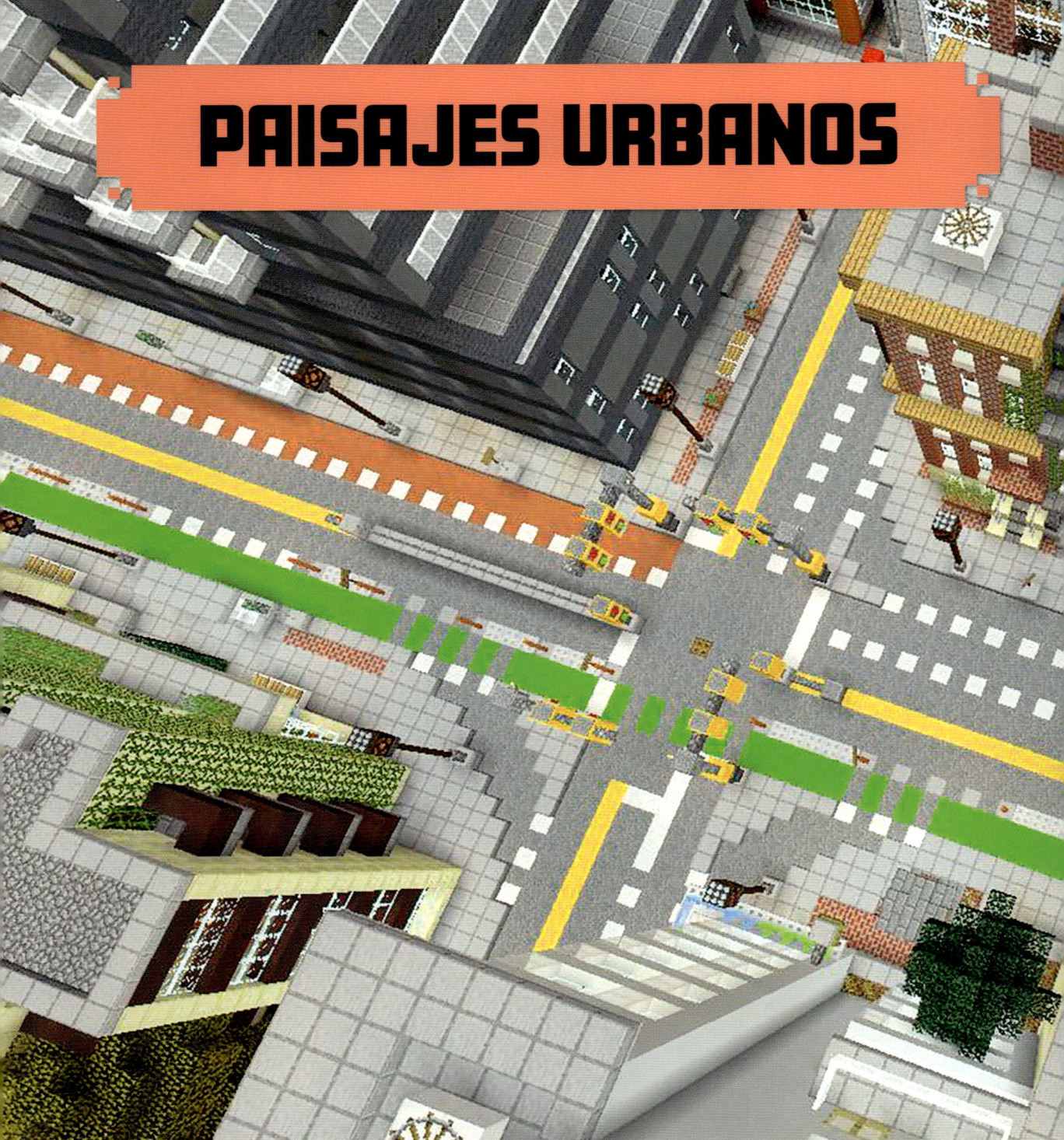

PAISAJES URBANOS

¿Te consideras un planificador urbano? ¿O tal vez sólo quieres un proyecto realmente grande que puedas seguir ampliando continuamente? Hay muchas formas distintas de abordar una ciudad: puedes hacerla moderna, recrear un mundo histórico o imaginar un lugar de fantasía...

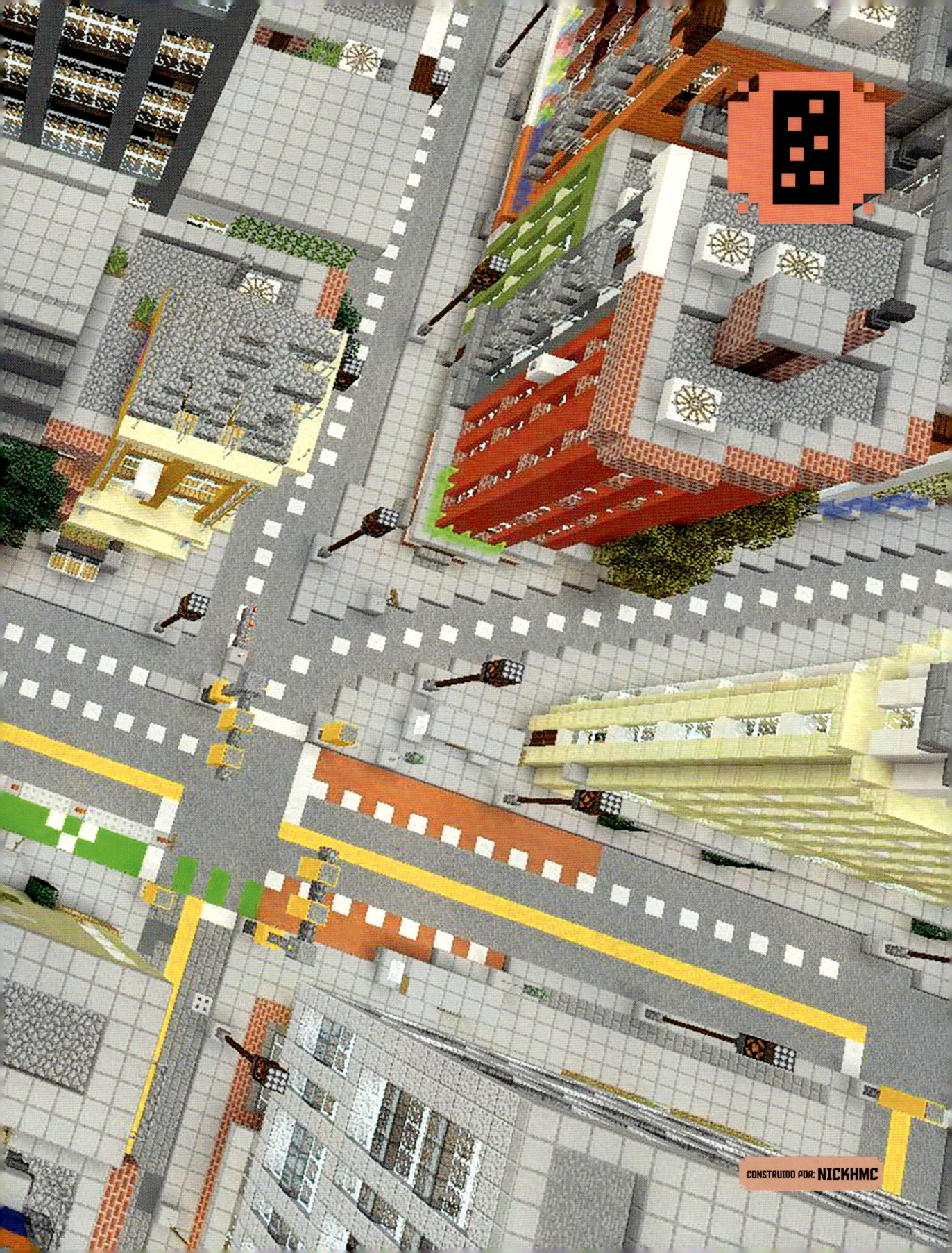

CONSTRUIDO POR: NICKHMC

CALLES CON ESTILO

Con las ciudades tienes que pensar a la vez en grande y en pequeño: son los detalles los que realmente les dan vida.

METRÓPOLIS MODERNA

Para una construcción como ésta puede que quieras empezar en un mundo completamente plano ¡porque necesitarás mucho espacio! Un paisaje urbano moderno y realista necesita muchos diseños distintos e interesantes. Observa el perfil de una ciudad real: verás que los edificios no se construyeron todos al mismo tiempo. Inspírate en estilos de construcción de distintas épocas y aprovecha los contrastes.

Los edificios más altos probablemente serán los de estilo más moderno (como éste, con su curva envolvente).

Mezclar diferentes alturas funciona: las ciudades reales no suelen tener muchos rascacielos gigantes muy juntos.

CONSTRUIDO POR: **NICKHMC**

CONSTRUIDO POR: DRTOBIAS_FUENKE

CIUDAD ANTIGUA

Ésta toma un enfoque distinto de la idea de ciudad moderna: sin edificios altos y con un estilo arquitectónico más uniforme. Fíjate en cómo usa una paleta de colores limitada, pero crea variedad cambiando los diseños de muros y techos.

CONSTRUIDO POR: NICKHMC

CONSTRUIDO POR: NICKHMC

TIENDAS

En las ciudades reales, en la planta baja de un edificio de apartamentos u oficinas suele haber comercios. Esto aporta variedad a la ciudad y es una buena oportunidad para añadir color, como en los toldos sobre las tiendas.

APARTAMENTOS

Este bloque de apartamentos es un gran ejemplo de cómo las ciudades reales evolucionan con el tiempo: los dos edificios del frente son antiguos, pero se puede ver la gran ampliación que parece haber sido añadida después.

CONSTRUIDO POR: **BOULI310**

FUENTE

No satures tu paisaje urbano con demasiados edificios: divídelo con pequeños parques y patios. Esta fuente tiene un diseño bonito y sencillo. También puedes probar a hacer una estatua o cualquier otra obra pública.

LÍNEA DE TREN

Los raíles de vagoneta no tienen realmente el tamaño adecuado para una línea ferroviaria urbana. Este diseño ofrece una solución sencilla: ¡dos juegos de raíles, uno al lado del otro! Esto abre otras divertidas posibilidades, como puentes y estaciones, e incluso una red de tren subterránea.

CONSTRUIDO POR: **BOULI310**

CONSTRUIDO POR: **DRTOBIAS_FUENKE**

MOLINO DE VIENTO

Puede que asocies los molinos con granjas, pero también puedes adaptar uno al estilo de una ciudad antigua. Si quieres un desafío, puedes usar bloques de comando para crear un molino funcional con aspas que giren. ¡Buena suerte!

AZOTEAS

La mayoría de los edificios altos en las ciudades modernas tienen techos planos, así que añade a ellos algunos elementos realistas: éstos usan cuatro raíles de vagoneta dispuestos en círculo para crear una unidad de aire acondicionado. Otra idea podría ser una torre de agua.

CONSTRUIDO POR: **NICKHMC**

CONSTRUIDO POR: **NICKHMC**

SEMÁFOROS

Las calles reales de las ciudades tienen mucho mobiliario urbano, como estos semáforos. Farolas, señales de tráfico, paradas de autobús y pasos de peatones son otros ejemplos. Normalmente, el mobiliario urbano en una ciudad tiene un diseño uniforme.

CIUDAD EN EL DESIERTO

Aquí tienes otra construcción de ciudad histórica que utiliza una paleta de colores limitada. Fíjate en que no es un paisaje plano y el diseño se conforma alrededor de un edificio central. Ésta empezó siendo una aldea ¡igual que una ciudad real!

CONSTRUIDO POR: **WOLFGANG_COWBOY**

RASCACIELOS

Con una cantidad infinita de materiales, ¡el único límite para estas construcciones es tu tiempo y tu paciencia!

EDIFICIOS ALTÍSIMOS

Los arquitectos de rascacielos modernos se enfrentan siempre a la misma dificultad: si el diseño es demasiado recargado, el edificio destacará demasiado, pero si no tiene ningún detalle distintivo, el edificio se verá aburrido. Lo mismo ocurre en *Minecraft:* quieres algo que sea interesante a la vista pero no excesivo.

CONSTRUIDO POR: **NICKHMC**

BLOQUE DE APARTAMENTOS

Este diseño utiliza bloques irregulares de gris claro que sobresalen del bloque principal gris oscuro y añade detalles en rojo a los lados. Esto le da un toque de color sin sobrecargar el aspecto del edificio: ¡poco común pero sutil!

EDIFICIO DE OFICINAS

Colocar una capa gris cada tres pisos en esta construcción es una idea inteligente: ayuda realmente a romper el diseño. Las ventanas que van del suelo al techo son el tipo de detalle que se ve más a menudo en edificios de oficinas que en apartamentos.

CONSTRUIDO POR: **TOMONMARS**

Una terraza en la azotea hace que un rascacielos parezca más moderno y lujoso, y éste las tiene en varios niveles.

Los espacios abiertos alrededor de la base hacen que este edificio resulte menos tosco a nivel del suelo y dejan pasar la luz.

Este diseño funciona gracias al contraste entre el lado izquierdo, que es bastante liso, y el lado derecho, más vibrante.

CONSTRUIDO POR: **TOMONMARS**

AGUJAS

Una aguja o chapitel en la parte superior de un rascacielos le da un toque elegante de mediados del siglo xx. En la vida real, las agujas se agregan a menudo para hacer que los rascacielos sean más altos, utilizando pocos materiales y sin añadir mucho peso adicional al edificio.

APUNTANDO ALTO

Este enfoque anticuado en el diseño de rascacielos, que hace que los niveles superiores sean gradualmente más pequeños, tiene un aspecto muy satisfactorio visualmente. El uso de pilares de cuarzo es inteligente: las líneas verticales realmente enfatizan la estructura que apunta hacia arriba.

BLOQUES DE COLOR

Los contrastes pueden ayudar mucho a hacer que una calle sea más interesante: el edificio de ladrillo anticuado a la izquierda podría ser abrumador si hubiera toda una fila de ellos, pero al estar junto al bloque de piedra más contemporáneo, realmente destaca para bien.

VER DOBLE

¿Cómo hacer que un rascacielos sea más impactante? ¡Construyendo otro exactamente igual justo al lado! Este diseño coloca los dos edificios en ángulos rectos en una esquina de la calle, conectándolos por la parte trasera.

CONSTRUIDO POR: TOMONMARS

QUEDARTE DE PIEDRA

Este diseño funcional de piedra añade textura al usar diferentes tipos de bloques de piedra. Observa cómo las capas entre cada piso están construidas: pueden parecer escalones al revés, pero en realidad son capas de losas de andesita frente a ladrillos de piedra.

CIUDAD DE CRISTAL

Los rascacielos reales suelen usar vidrio espejado, que refleja la luz más intensamente por fuera que por dentro, o algún tipo de vidrio tintado, lo que facilita ver hacia afuera en lugar de adentro. Este diseño utiliza cristal teñido de cian para imitar esos efectos.

HELIPUERTO

Esto hace que un rascacielos parezca realmente de alto *standing*. Si quieres poner letras grandes en una superficie plana, la alfombra es ideal porque es muy delgada. Alternativamente, construye el techo usando dos capas de losas y coloca el diseño en la capa superior.

ESPACIO DE OFICINA

Amueblar oficinas puede ser repetitivo, así que si se te ocurre un diseño de escritorio que te guste, usa comandos para copiarlo. En lugar de ordenadores, cada uno de estos escritorios está equipado con un libro y una pluma en un marco de objetos.

ZONA VERDE

Un jardín colocado en la azotea de un rascacielos ofrece un contraste interesante. Éste, en consonancia con el diseño general del edificio, está muy bien cuidado y tiene setos y algunas flores para que las abejas en la colmena las polinicen.

ALINEADO DE ÁRBOLES

Un mundo hecho sólo de metal, hormigón y vidrio sería un poco sombrío; los árboles crean un contraste inmediato a través de diferentes colores y formas orgánicas. Un pequeño círculo de escalones de piedra conforma una base eficaz.

UN TOQUE MÁS LIGERO

Muchos edificios modernos utilizan iluminación exterior para que se vean más impactantes por la noche. Este diseño incorpora una tira de varas de End a lo largo de un lado, suficiente para iluminar el edificio sin que la luz entre por las ventanas.

CASTILLOS Y PALACIOS

¿Quieres recrear la historia o volar hacia la fantasía? ¿O quizás quieres tener un lujoso asiento real o una poderosa fortaleza? Estas grandes estructuras antiguas son perfectas para el paisaje preindustrial de *Minecraft*... y suelen tener menos de esas molestas curvas.

CASTILLOS

¡Es hora de trazar planes medievales!

LISTO PARA LA BATALLA

Los castillos y *Minecraft* son una combinación irresistible: el material de construcción básico del juego, grandes bloques de piedra, es justamente lo que se usaba para construir los castillos. Esto significa que no es tan difícil crear un castillo de apariencia majestuosa, incluso para un constructor inexperto.

Aquí tienes una forma clásica de castillo, con torres conectadas por murallas.Planifica bien la distancia entre tus torres y no te equivocarás.

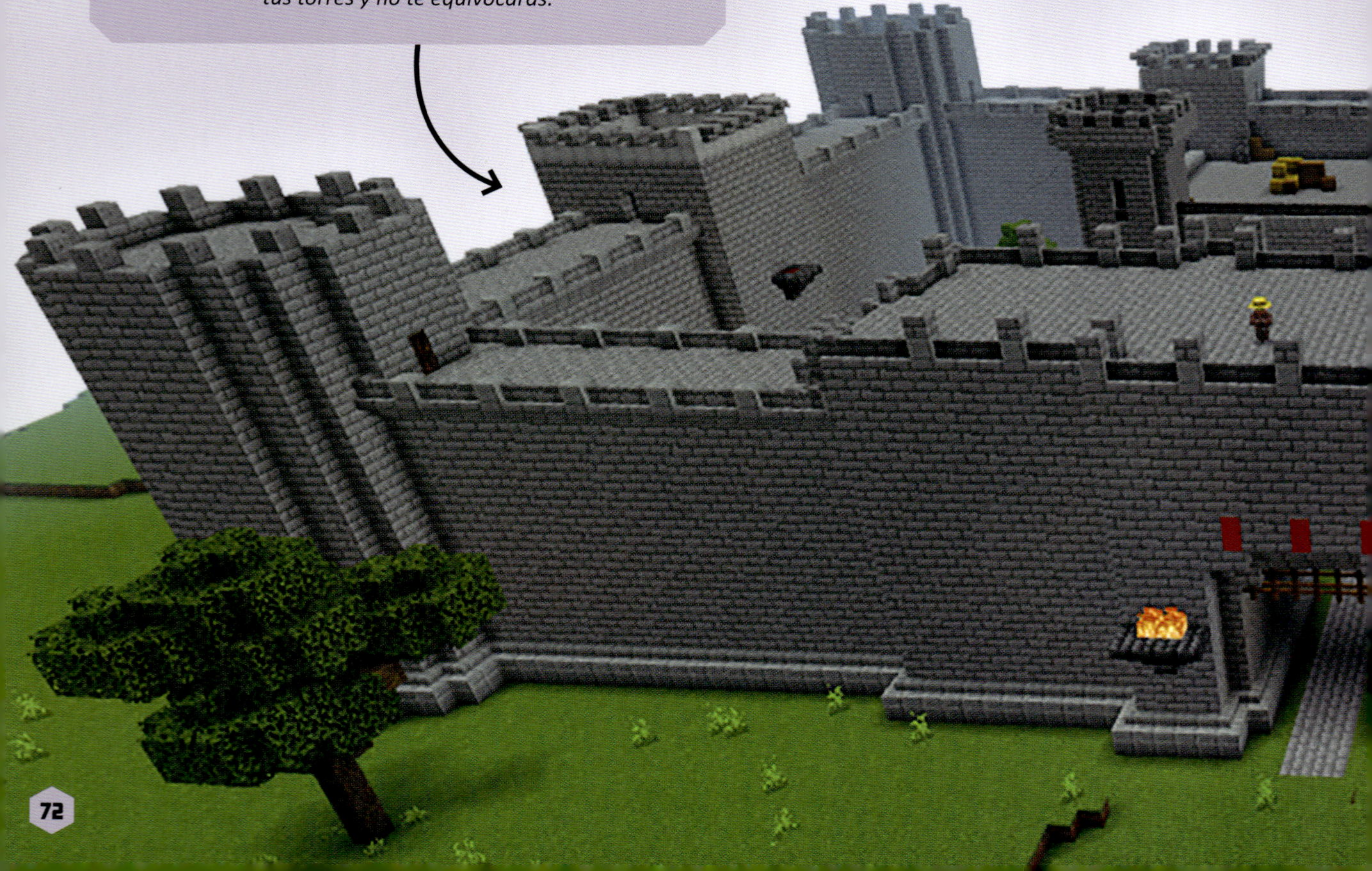

¡A POBLARLO!

Los aldeanos quedan muy bien en un castillo. Si agregas bloques de estación de trabajo, tus aldeanos adoptarán profesiones, entre éstas, podrían ser buenas opciones la de herrero de armaduras (para ello añade un horno de fundición), herrero de armas (piedra de afilar) y flechero (mesa de flechas). Luego, deja que cada uno se ocupe de su tarea.

Las piedras con espacios entre ellas en la parte superior de las murallas se llaman merlones. Los soldados podían cubrirse detrás de las piedras y disparar flechas a través de los huecos.

PAREDES DENTRO DE PAREDES

Los ladrillos de piedra son el material estándar para construir castillos, pero si quieres añadir un poco de variedad a la forma, las paredes de ladrillos de piedra tienen muchos usos. Aquí, llenan los espacios en las almenas y también crean un alféizar para la ventana en esta imponente torre.

PUESTOS DENTRO DE PAREDES

En los castillos reales no sólo había batallas y asedios constantes, también podían albergar comunidades enteras con vidas cotidianas. Añadir un detalle como este puesto de mercado también te da la oportunidad de crear un contraste con todas las paredes de piedra.

BANDERAS Y ANTORCHAS

Añade un poco de color a esos largos tramos de ladrillos de piedra. Las banderas son simples y divertidas de hacer, mientras que estas impresionantes antorchas gigantes se pueden crear usando escaleras de ladrillos de pizarra profunda y bloques de netherrack, que arden sin parar.

ESTABLO

Los caballos eran una parte esencial de cualquier castillo y los establos son una buena opción para colocar contra el interior de las murallas. Este diseño utiliza una mezcla de paredes de ladrillos de barro y dos tipos de valla para que los divisores entre los establos no sean demasiado gruesos.

CONSTRUIDO POR: SOPHIE

CONSTRUIDO POR: SOPHIE

CONSTRUIDO POR: SOPHIE

PAJARERA

Idealmente, un castillo tiene halcones y, en concreto, halcones entrenados para la caza, pero de éstos no hay en _Minecraft,_ así que tendremos que conformarnos con los loros (al menos son domesticables). Esta pajarera ofrece varios lugares para que los pájaros se posen, incluyendo una mesa para alimentarlos.

POCILGA

Un buen detalle aquí es que el suelo no es sólo tierra desnuda, es camino de tierra que se desliza bajo la valla y se extiende frente al corral. ¡El camino de tierra se parece más a barro que el bloque de _Minecraft_ que tiene la etiqueta de «barro»!

CONSTRUIDO POR: **LESHAGLOOM**

CASTILLO DE CABALLEROS

Esta construcción inspirada en *Elden Ring* combina muchos tipos diferentes de piedra: piedra, ladrillos de piedra, ladrillos de piedra labrada, andesita pulida, diorita, pizarra profunda y ladrillos de pizarra profunda.

MANSIÓN GÓTICA

Esta construcción usa troncos de roble decapados como vigas, que contrastan muy bien con los techos de piedra negra. Las construcciones de estilo gótico te permiten desmelenarte con los detalles y adornos: ¡si quieres poner otra torre, adelante!

CONSTRUIDO POR: **LESHAGLOOM**

CONSTRUIDO POR: **SQUISHYMESSESHAPPEN**

CASTILLO DE FANTASÍA OSCURA

Esta construcción toma una forma clásica de castillo —murallas con almenas y una torre en cada esquina— y utiliza una versión más pequeña de la misma figura para la parte interior. El color contrasta con la oscuridad de la pizarra profunda.

CASTILLO GERMÁNICO

Éste está basado en el palacio Drachenburg, una enorme casa construida en Alemania a finales del siglo XIX, por lo que tiene un aspecto más moderno, con ladrillos a base de arcilla en lugar de piedra. Se ha utilizado prismarina para el techo.

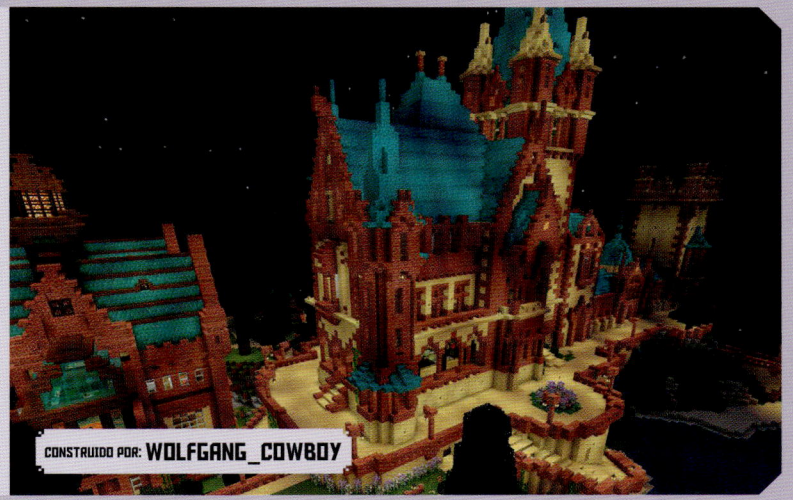

CONSTRUIDO POR: **WOLFGANG_COWBOY**

CATEDRAL GÓTICA

Éste es un ejemplo perfecto del uso de la simetría: los edificios tipo iglesia suelen ser simétricos y, en este caso, los detalles elaborados en la parte frontal realmente enfatizan esta simetría. ¡Puede ser útil esbozar un diseño como éste antes de empezar a construir!

CONSTRUIDO POR: **TYTAREX**

CONSTRUIDO POR: LESHAGLOOM

VENTANA GRANDE

Al hacer una ventana realmente grande, puedes llenarla por completo con cristal. Pero en la realidad, una ventana de este tamaño necesitaría un marco para soportarla, como las columnas añadidas por este constructor.

DETALLES CON CARÁCTER

Un foso y un puente levadizo le dan a una construcción ese «ambiente de castillo» y, además, son fáciles de hacer. La reja en la puerta también imprime carácter, ¡aunque procura tenerla ligeramente levantada para poder pasar!

POSICIONES DEFENSIVAS

Este castillo es una variación inteligente del clásico diseño: las torres a ambos lados de la entrada están ligeramente adelantadas. Cualquier persona que entre al patio delantero intentando derribar la puerta quedará atrapada entre ellas.

PAREDES ANTIGUAS

Puedes obtener un aspecto más envejecido en un castillo haciendo variaciones en su textura, como lo hace esta construcción, que mezcla piedra, ladrillos de piedra y ladrillos de piedra agrietados. La forma en que la tierra «sube» por las murallas también hace que parezca más antiguo.

CONSTRUIDO POR: 2NIAU

CONSTRUIDO POR: 2NIAU

SOBRE LAS ROCAS

Este imponente castillo ha sido construido sobre una formación rocosa. Sería poco probable que un terreno se hubiera formado casualmente con la forma adecuada, por lo que una construcción como ésta requerirá mucho trabajo incluso antes de empezar con el castillo.

FORTALEZA NEVADA

La nieve en un castillo genera un efecto dramático. Puedes construir en un bioma nevado o en lo alto de un bioma frío como el que se ve aquí, para obtener cobertura de nieve natural. El bioma de las colinas ventosas es una buena opción.

PALACIOS DE TODO EL MUNDO

¡Estas obras monumentales son una fuente inagotable de inspiración!

CASTILLO DE INSPIRACIÓN ESPAÑOLA

Los grandes edificios pueden lucir más si se construyen como parte de un paisaje: trabajar con éste puede hacer que tu construcción sea más interesante. Observa cómo las torres del lado derecho de este castillo tienen el mismo diseño, pero diferentes alturas, ¿será porque el terreno sobre el que están construidas no está al mismo nivel? El verde ramaje que lo decora es un buen toque final, pues hace que el edificio parezca más antiguo.

Tu material principal será a menudo marrón, amarillo pálido o gris, así que un color más vibrante para el techo ofrece un bonito contraste.

Una entrada majestuosa es un excelente complemento. A los soportes del puente y de la puerta de entrada les faltan partes, como si algunas se hubieran desmoronado.

CONSTRUIDO POR: CAPPENGU_YT

EL PALACIO DEL SHŌGUN

Esta construcción de inspiración japonesa tiene característicos techos por capas que se curvan en las puntas, un estilo llamativo que es muy divertido de construir. Las linternas que cuelgan alrededor realmente dan vida al palacio durante la noche.

CONSTRUIDO POR: WOLFGANG_COWBOY

EL PALACIO DEL SULTÁN

Este diseño de estilo árabe incluye un techo abovedado que se eleva hacia un mismo punto. Puede que encuentres este tipo de forma difícil de recrear con bloques de *Minecraft,* pero con un poco de paciencia se logra un efecto muy imponente.

CONSTRUIDO POR: WOLFGANG_COWBOY

TEMPLO HINDÚ

Éste está basado en el templo Sri Ranganathaswamy en la India. Al intentar un diseño multicolor como éste, planea antes tu paleta de colores colocando bloques en el suelo para ver cómo quedan juntos.

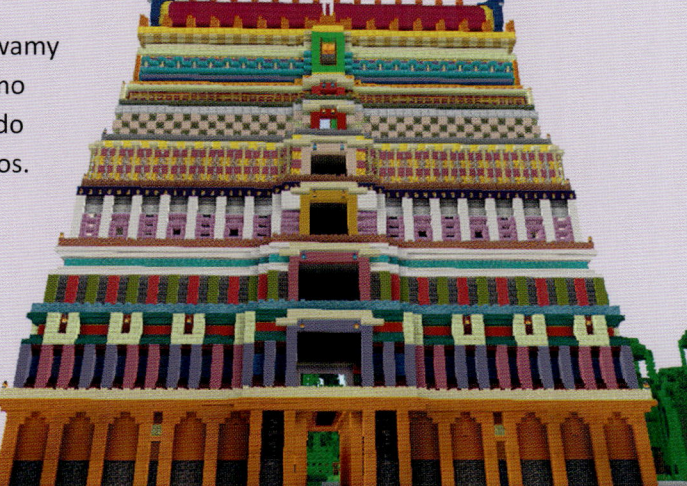

CONSTRUIDO POR: LESHAGLOOM

MARAVILLAS ACUÁTICAS

Puede ser fácil ignorar el agua como algo que simplemente estorba en tus construcciones. ¡Pero, en realidad, te ofrece un montón de fantásticas posibilidades, ya construyas sobre agua o bajo agua!

BARCOS

¡Zarpa con estas majestuosas construcciones sobre el agua!

EN FORMA DE BARCO

Los barcos son más fáciles de construir en *Minecraft* que los vehículos terrestres: no tienes que preocuparte por ruedas, además de que pueden ser más grandes y elegantes que éstos y tener interiores más interesantes. Un barco es una gran incorporación a un entorno acuático.

¡Los nidos de cuervo son un complemento especialmente divertido de la construcción de barcos!

La vela frontal, que se usa para dirigir el barco, es más fácil de recrear que las demás: puedes construirla simplemente en línea recta.

CONSTRUIDO POR: **TOMONMARS**

GALEÓN

La forma de una vela inflada por el viento es una de las cosas más difíciles de recrear en *Minecraft,* pero este diseño lo logra de forma excelente. ¿Ves cómo las banderas en lo alto de los mástiles ondean en la misma dirección que el viento?

BARCO PIRATA

Esta construcción tiene muchos detalles geniales, incluyendo la figura decorativa en la proa y la tabla para que la gente camine. Las vallas a lo largo de los lados imitan los aparejos que se usarían para trepar hasta las velas.

CONSTRUIDO POR: **WOLFGANG_COWBOY**

CAPITÁN DEL PUERTO

Este diseño muestra lo bien que pueden funcionar los barcos como elemento decorativo. Fíjate en cómo las velas están recogidas, como lo estarían con el barco en reposo. ¡y además es más fácil de construir así!

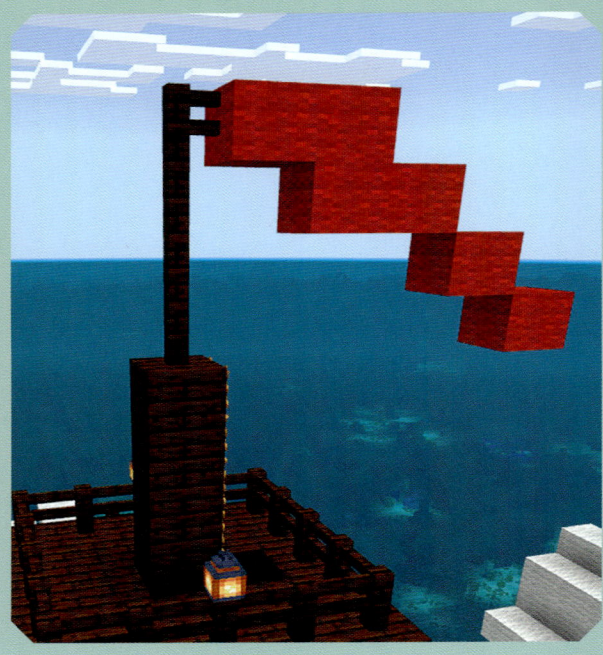

CAÑONES

Ningún barco pirata está completo sin cañones. Idealmente tendrían portillos redondos, y *Minecraft* no es especialista en cosas redondas..., ¡pero estos dispensadores tienen justo el aspecto adecuado para simularlo!

BANDERA ROJA

Podrías colocar una bandera como ésta encima de un poste de valla, pero aquí tienes una idea todavía más ingeniosa: pon la bandera en el lateral y deja que la valla se conecte a ella. Esto se asemeja más a cómo la bandera estaría realmente sujeta a un mástil.

LA CALAVERA PIRATA

El símbolo pirata clásico no es tan difícil de representar en *Minecraft,* sólo asegúrate de dejar suficiente espacio en tu vela y que la ondulación no arruine demasiado el diseño. Ésta de aquí tiene una buena zona plana en el centro.

EL CAMAROTE DEL CAPITÁN

Los marcos de objetos están bien aprovechados aquí: permiten colocar un libro con pluma y una hoja de papel sobre el escritorio. La mesa de cartografía también es una incorporación lógica a la escena. Y, obviamente, un barco pirata no es un barco pirata sin un loro.

¡TOMA EL TIMÓN!

El timón de un barco sería de madera y tendría asas alrededor. Este ingenioso diseño usa una trampilla de mangle y cuatro palancas para crear un efecto similar. Es cuadrado, pero da el pego como rueda.

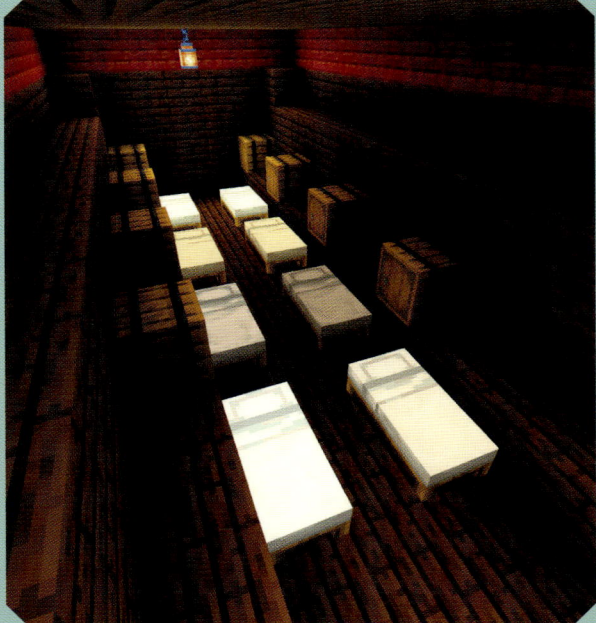

BAJO CUBIERTA

El espacio en este tipo de barcos era limitado, así que las camas estarían algo apretadas, como en este ejemplo. La introducción de barriles que hacen de cofres ha sido muy útil para los constructores de barcos en *Minecraft*.

FAROS

¡Evita chocar contra las rocas con estas impresionantes estructuras!

¡LUCES Y ACCIÓN!

Los faros fueron en su día una parte esencial de la navegación, pues advertían a los barcos para que no se acercaran demasiado a la costa en la oscuridad, y aún hoy en día muchos siguen en funcionamiento. Los faros suelen estar pintados de blanco para que sean fáciles de ver, pero este diseño a rayas rojas y blancas se ha vuelto simbólico. Su sencilla figura los convierte en un proyecto fácil y muy satisfactorio, y con una buena fuente de luz en la parte superior quedan genial de noche.

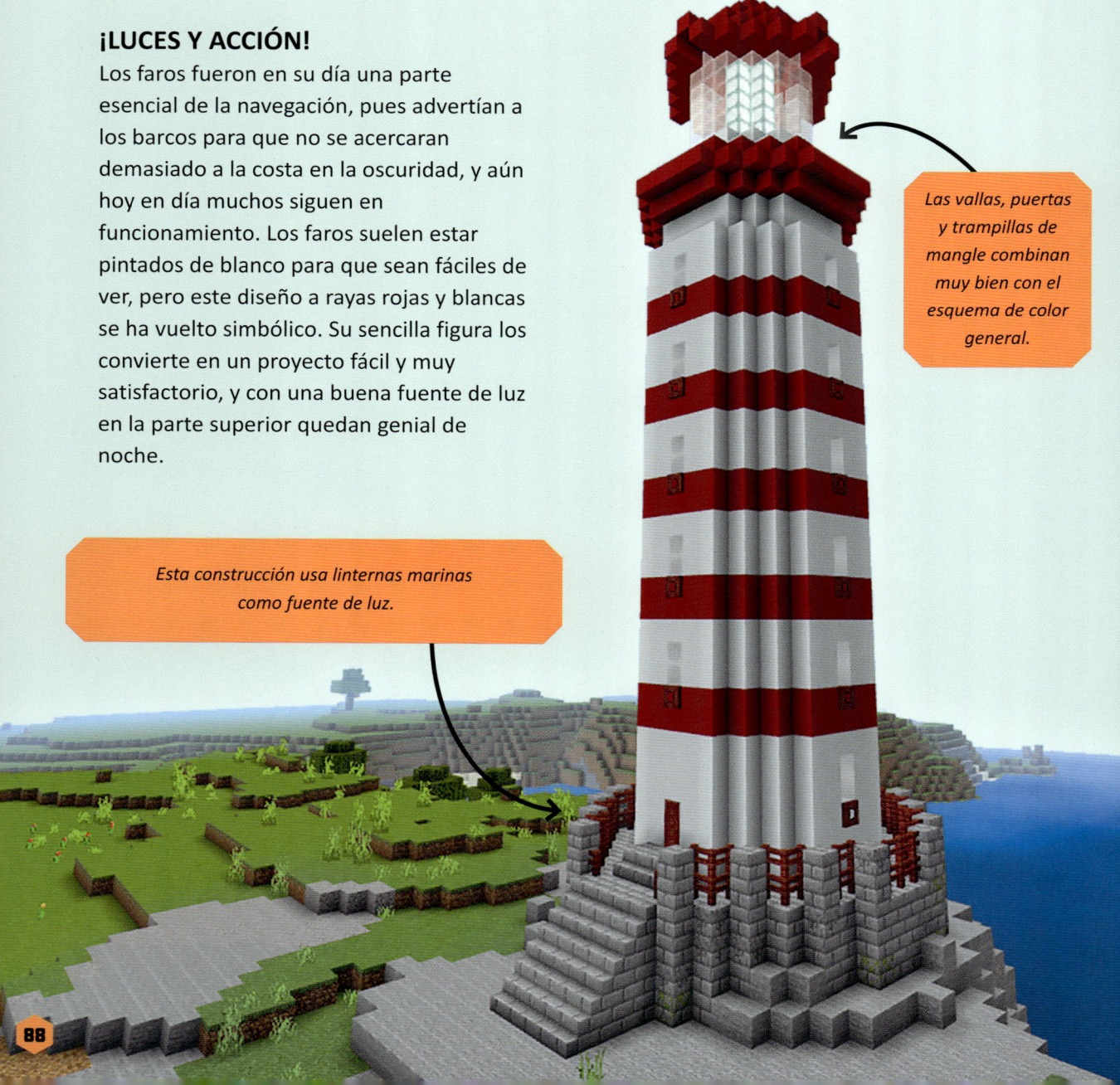

Las vallas, puertas y trampillas de mangle combinan muy bien con el esquema de color general.

Esta construcción usa linternas marinas como fuente de luz.

FARO DE ALEJANDRÍA

¡Una de las siete maravillas del mundo antiguo! El verdadero faro de Alejandría estaba hecho de piedra caliza y granito, pero esta recreación uniforme en cuarzo reluciente es mucho más impresionante (¡y tiene más aire de faro!).

FARO DE PIEDRA

La historia de los faros data de cientos de años: los de la Edad Media se parecían más a algo como esto. La veleta en el techo, hecha con una cruz de vallas, es un detalle ingenioso.

CONSTRUIDO POR: NICKHMC

ISLA PORTUARIA

Los faros solían construirse en islas dentro de bahías como ésta. Como el faro aquí está aislado del resto de territorio, este diseño incluye una cabaña para el farero y un pequeño embarcadero para que los botes puedan entrar y salir.

BASE SUBMARINA

Construir una de éstas requerirá pensar muy a fondo...

MANTENLO SELLADO

La parte más frustrante de construir una base submarina es asegurarse de que no entra agua por ningún lado. Pero para esto las esponjas son de gran ayuda, ya que absorben tanto bloques de agua como flujos de agua en movimiento. Asegúrate de que no haya huecos en tu estructura, coloca esponjas hasta que esté seca y luego rompe las esponjas (que estarán ahora mojadas).

¡ENTRA!
Puedes optar por una base submarina completamente oculta bajo las olas o construir parte de ella en la superficie. ¡Y no tienes que preocuparte por las mareas!

MURO TINTADO

El vidrio funciona muy bien en una base submarina, ya que te permite ver el agua que fluye al otro lado y puedes decorarlo con un patrón de cristal tintado. Las linternas marinas colocadas a intervalos regulares rompen el diseño al tiempo que iluminan.

ACUARIO

Puedes simplemente observar a las criaturas marinas pasar frente a las ventanas de tu base o puedes quedarte con tus ejemplares favoritos en un acuario. Hacer un acuario pequeño en *Minecraft* es difícil, así que mejor haz uno enorme, integrado en la pared.

PISCINA PROFUNDA

En este diseño, la piscina conduce a cuevas submarinas naturales: necesitarás añadir fuentes de agua en el lado «seco» para asegurarte de que la piscina está nivelada, ya que el agua tenderá a fluir hacia abajo.

ESCAPARATE PARA ARMADURAS

Los escaparates para armaduras funcionan muy bien como decoración en un lugar majestuoso como este. Éstas se pueden colocar en diferentes ángulos y poses, así que puedes ser creativo al organizarlas.

VENTANA ACUÁTICA

Esta ventana marca el nivel de la piscina y, a la vez, ofrece las vistas del mundo subacuático al otro lado. Si has construido en una zona oscura como una cueva, unas cuantas linternas marinas pueden mejorar la visión.

ALFOMBRA DE TERRACOTA

Una gama de colores azul y turquesa funciona muy bien en una ubicación submarina. Esta alfombra está hecha con bloques de terracota vidriada incrustados en el suelo. Eso sí: colocarlos correctamente para formar un patrón puede llevar tiempo.

SUMÉRGETE EN LA LECTURA

La mayor parte de esta base está débilmente iluminada con linternas marinas situadas en techos, paredes y suelos, pero esta zona de biblioteca cambia de estilo y dispone de una ranaluz. Sólo asegúrate de que esos libros no se empapen...

MARISCADA

Esta cocina incluye algunos detalles ingeniosos: los armarios son barriles, ¡así que realmente puedes guardar cosas en ellos! El bloque sobre el horno es en realidad un telar. Los sillones de ladrillos de prismarina combinan con la paleta de colores acuática empleada en el resto de la base.

ARQUITECTURA NATURAL

¡Haz tu mundo un poco más salvaje con estas estructuras naturales (y no tan naturales)! Estas construcciones exigen un enfoque más orgánico que las típicas de *Minecraft,* así que practica tus cilindros y cúpulas, y adéntrate con nosotros en el bosque...

CABAÑA EN EL ÁRBOL

¿A quién no le gustaría vivir en una de éstas?

PRIMERO, CONSTRUYE TU ÁRBOL

Puedes construir sobre los elementos naturales del mundo o plantar árboles y construir sobre ellos (los brotes de abeto y jungla pueden plantarse en grupos de cuatro para que se conviertan en árboles gigantescos).

Pero si quieres una estructura «natural» más grande, como la de la siguiente página, para poder construir dentro de ella, tendrás que construirla tú mismo.

CASA HONGO

Este hongo mutante tiene un aire muy de *Alicia en el País de las Maravillas*. Se ha usado lana para el sombrero rojo y cuarzo para el tallo, pero una alternativa sería usar hormigón de colores y tallo de hongo.

MIRADOR

Tu cabaña en el árbol puede estar completamente oculta dentro del árbol o puedes dejar que algunas partes sobresalgan de las hojas, como esta sala con ventanas del suelo al techo y una cascada infinita. ¡No te preocupes, es totalmente segura!

Hacer formas que parezcan naturales puede ser complicado. Por ejemplo, este árbol gigante no tiene una sola copa, sino varias.

Te sugerimos construir en un espacio abierto y despejado: no querrás que otros árboles te estorben.

CONSTRUIDO POR: **JAMES**

QUÉ MAYORES SE HACEN

Éste es un diseño de árbol bonito y sencillo: un cilindro recto y regular que puede construirse en un espacio bastante reducido, con una zona habitable en la parte superior. Con los puentes que lo conectan, podrías crear todo un complejo de casas en los árboles.

BALCONES A NIVELES

Los balcones son una buena forma de añadir distintos tipos de espacios a tu cabaña en el árbol. Tiene sentido usar el mismo tipo de madera para el árbol y los balcones –en este caso, roble–, pero usar otra madera en las vallas le da un toque diferente.

TREPAR AL ÁRBOL

La escalera de caracol en el interior del árbol es estrecha. Este diseño incluye una barandilla que no ensancha demasiado la escalera. Se coloca un poste de valla en un bloque bajo cada peldaño y luego se añaden dos postes más encima.

RAMIFICACIONES

Recuerda: las hojas no pueden estar a más de seis bloques de distancia de un tronco, o se secan y desaparecen. Puede que no se vean las ramas dentro de la copa de este árbol, ¡pero están ahí! Asegúrate de añadirlas al tuyo.

PORTAL DEL NETHER

Por si este gigantesco árbol no era suficientemente singular, tiene un nudo a media altura del tronco con un portal al Nether en su interior. Éste se ha construido en vertical y luego se han colocado troncos encima, fíjate en cómo la veta de toda la madera va hacia arriba.

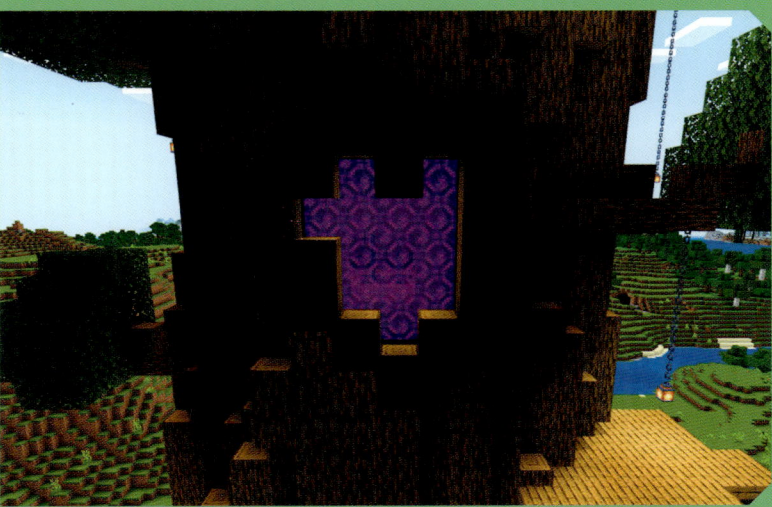

JARDINES Y PARQUES

Todos necesitamos algo de verde... aunque sea en una pantalla.

CÉSPED... ORDENADO

Los jardines y parques consisten en integrar elementos naturales dentro de un diseño hecho por humanos, tanto en la vida real como en *Minecraft.* Los jardines quedan bien en todo tipo de construcciones: desde mansiones y cabañas hasta aldeas y ciudades.

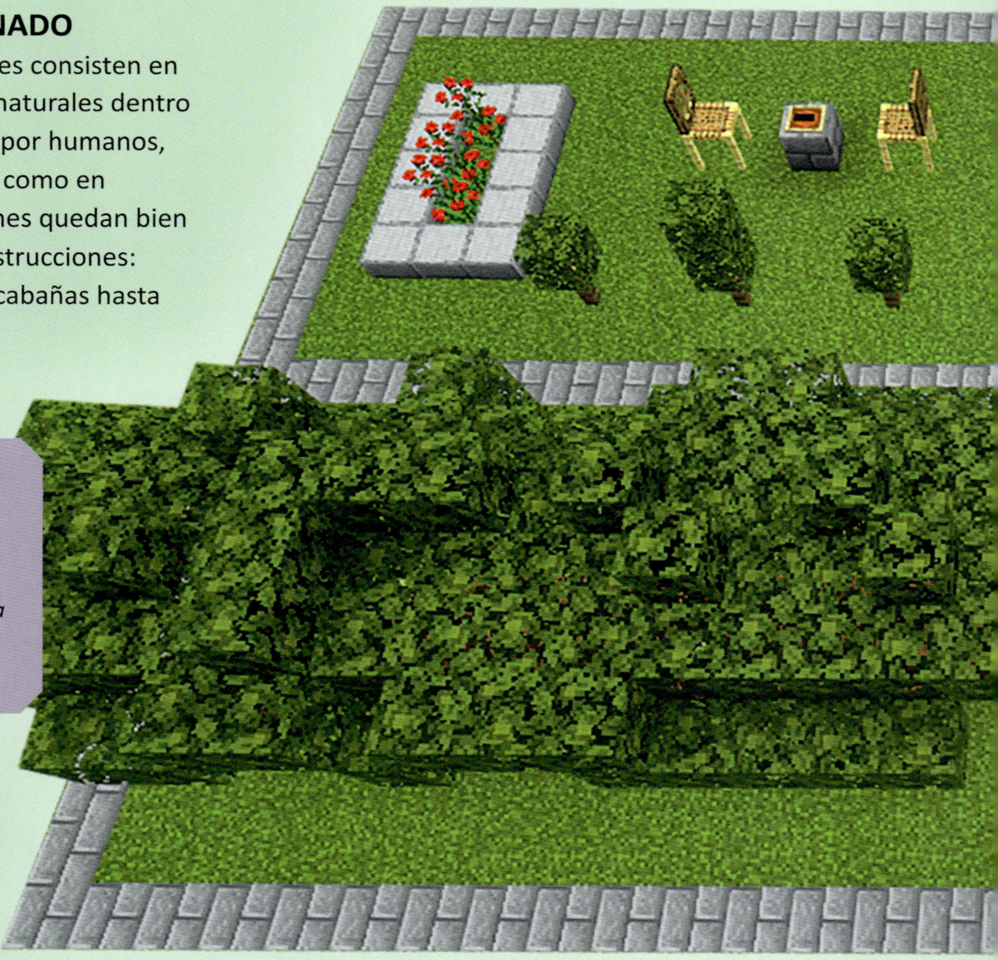

Aquí tienes un diseño muy simple pero efectivo: el jardín está dividido en cuatro partes, cada una con una función y un motivo diferentes.

BIEN HECHO

Las construcciones que incorporan agua funcionan muy bien en jardines o parques. Este pozo, por ejemplo, es precioso: el aspecto cubierto de vegetación lo hace parecer abandonado. Si tienes un estanque de buen tamaño, podrías probar a colocar una fuente dentro.

CONSTRUIDO POR: SOPHIE

Las capas de musgo alrededor del borde del estanque crean un efecto ligeramente desigual y de este modo el césped no parece perfectamente liso.

INVERNADERO

Un invernadero es una gran incorporación a una casa con un jardín amplio. Una mezcla de plantas que crecen hacia arriba y hacia abajo hace que parezca mucho más denso de vegetación. En este sentido, las lianas lloronas son un elemento especialmente llamativo.

JARDÍN EN LA AZOTEA

Un jardín en la azotea de una casa real suele estar bien cuidado y organizado. Éste tiene pequeños árboles diseñados que no se comen todo el espacio, además de hileras ordenadas de plantas. La colmena en el árbol es un detalle encantador.

PISCINA

Los bloques de terracota vidriada son perfectos para construcciones como ésta y el diseño en azul y amarillo le da un aire veraniego muy interesante. No los uses en exceso o el diseño quedará demasiado recargado (el borde de la piscina, el muro de azulejos y el fondo de la piscina son suficientes).

EXHIBICIÓN DE PLANTAS

En los jardines reales, algunas plantas se encuentran en macetas... y en _Minecraft_ una maceta evita que un brote crezca hasta convertirse en árbol. Esta mesa permite mostrarlas ordenadamente, bajo un techo de hojas, sobre una estructura hecha con vallas.

TABLERO DE JUEGO

Un buen juego de mesa es ideal para este tranquilo entorno. Es difícil encontrar algo que sirva como tablero de ajedrez, pero puedes experimentar con distintos objetos dentro de un marco. Este diseño usa un estandarte negro.

NATURALMENTE

Esta zona de descanso incluye un pequeño pozo y colmenas. Los árboles aquí se han plantado dentro de compostadores, que recuerdan a las rayas de las abejas. Un seto en un lateral se mantiene ordenado gracias a una fina «valla», que en realidad es sólo una fila de carteles en blanco.

ESTATUAS Y MONUMENTOS

Estas construcciones te permiten dar rienda suelta a tu creatividad... ¡y puedes colocarlas donde quieras! Pueden estar completamente solas en medio de la nada o en el corazón de una ciudad. ¡Dales a tus invitados vistas impresionantes que descubrir!

ESTATUAS

Aquí tienes la oportunidad de mostrar tu lado más artístico...

CUANTO MÁS GRANDE, MEJOR

Intentar hacer que algo parezca una persona o un animal en *Minecraft* es difícil cuando trabajas con pocos bloques. Si construyes a mayor escala, puedes crear formas más detalladas. Así que, aunque una estatua sea un proyecto grande y desafiante, vale la pena ir a lo grande.

CABEZA DE PIEDRA

Algo como esto es un buen primer proyecto para quien se inicia en la creación de estatuas: no es demasiado grande y la forma base es sencilla. Además, es simétrica, así que si consigues hacer bien un lado, el otro te saldrá sin problemas.

COLOSO DE RODAS

El original fue otra de las siete maravillas del mundo antiguo. Esta ambiciosa reinterpretación lo coloca cruzando una bahía para que los barcos pasen entre sus piernas. La antorcha está hecha con prismarina oscura.

Para las estatuas puedes trabajar con un solo color, lo cual simplifica las cosas En este caso, el bloque de esmeralda como ojo es un detalle genial.

Esta estatua de gato tiene una pata extendida hacia adelante, lo que realmente le da vida y sensación movimiento.

MONUMENTOS

¡Deja tu huella en el mundo con construcciones épicas!

PIENSA A LO GRANDE

Ya sea que estés recreando un monumento real o inventando uno propio, éste es de los tipos de construcción más divertidos. No necesita tener una función ¡sólo tiene que ser espectacular! Este tipo de estructura suele ser simétrica.

GRAN ESFINGE DE GIZA

Esta antigua esfinge egipcia es más fácil de construir que una estatua erguida, ya que está recostada en el suelo. La original está hecha de piedra caliza, pero ésta usa arenisca lisa: también se le han añadido algunos de los colores que se han perdido con el paso del tiempo.

CONSTRUIDO POR: **2NIAU**

CÚPULA MEDIEVAL

Esta original creación es un ejemplo experto de construcción esférica. El interior presenta pasarelas con jardines y una cámara central. Los materiales principales son el ladrillo y el granito para los soportes y tablones de abeto para las cúpulas.

EL PARTENÓN

El Partenón de Atenas está parcialmente en ruinas hoy, pero este modelo restaura su antigua gloria. Las esculturas de figuras clásicas en el techo se han representado aquí con soportes para armaduras de color claro.

TEMPLO MAYA

Los edificios mayas importantes se construían elevados por encima del nivel del suelo y por ello los templos son proyectos muy entretenidos en *Minecraft,* con sus grandes e imponentes bases. Este diseño quita algunas piedras de la base y añade vegetación desbordante para darle un aspecto envejecido.

CONSTRUIDO POR: **PPLLAYZ**

FUNDAMENTOS DE LA REDSTONE

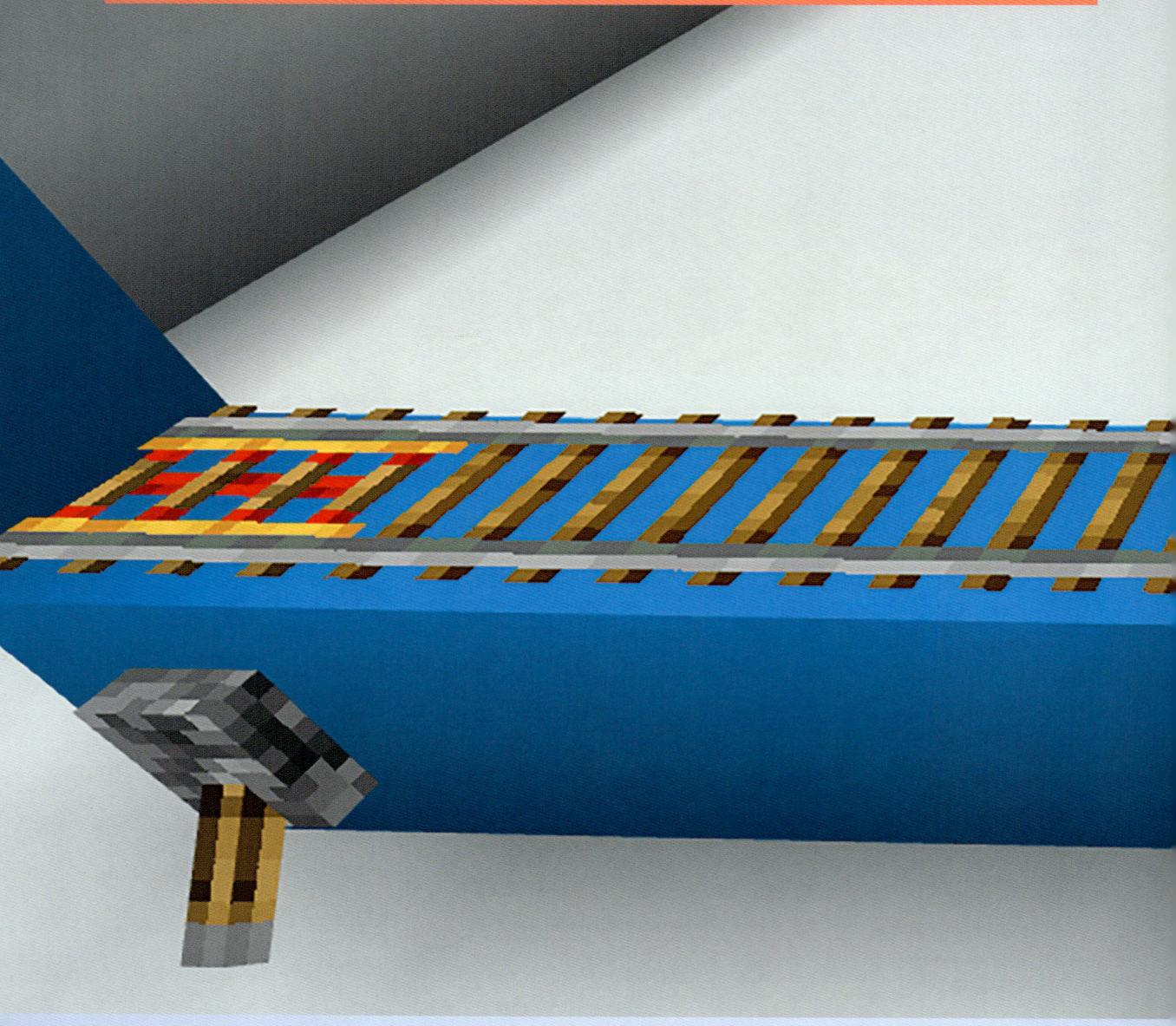

Dominar la «redstone» es una parte esencial para dominar *Minecraft*. Los bloques de redstone te permiten añadir energía a los objetos en tu mundo, además de crear circuitos eléctricos que conectan tus bloques de redstone con interruptores y pistones. La redstone hace que tus mundos sean más interactivos y permite automatizar procesos, como, por ejemplo, en la agricultura.

REDSTONE

¡Es hora de poner todo en movimiento con el bloque que todo lo cambia!

CONOCE A LA FAMILIA

Uno de los objetos más emocionantes de *Minecraft* es la redstone. Tiene un enorme potencial, y aunque la redstone en sí es un bloque, hay muchos otros objetos que forman parte de la familia redstone, como pistones, puertas y placas de presión, entre otros.

ALLÁ VAMOS...

En esta sección, te mostraremos algunos de los conceptos más básicos para que empieces a añadir tus propios mecanismos de redstone a tus construcciones. Casi todo lo que se construye en el modo Creativo con redstone también se puede lograr en Supervivencia, pero en Creativo puedes ir un paso más allá usando comandos y bloques de comandos.

LA PRÁCTICA HACE AL MAESTRO

Prueba a experimentar por tu cuenta en el modo Creativo. Crea, por ejemplo, un mundo de experimentación para probar distintas cosas inspiradas en lo que ves aquí. Hay una enorme cantidad de contenido maravilloso sobre redstone en Internet. ¡Incluso existen instrucciones para construir computadoras funcionales DENTRO del juego!

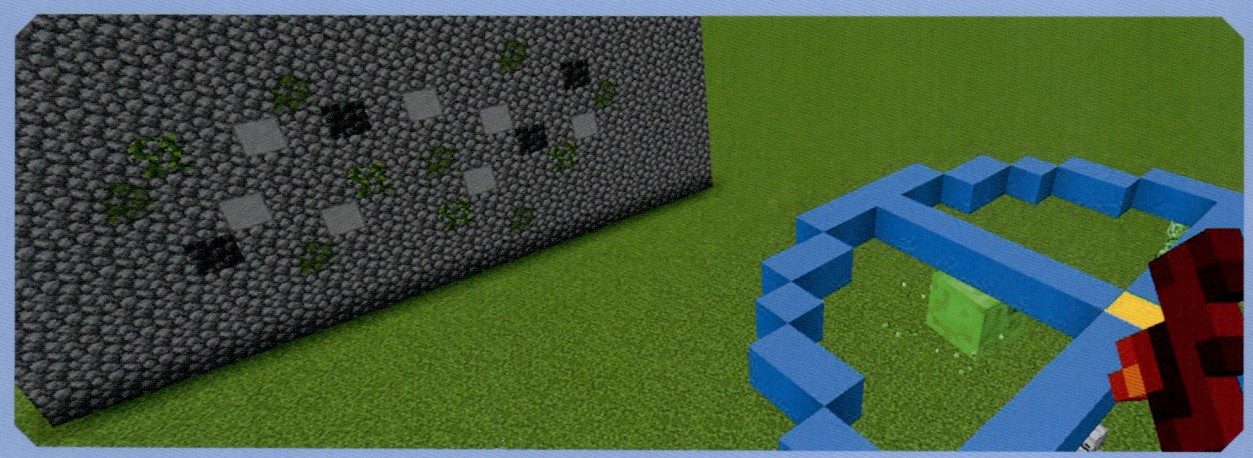

Bloque de redstone

Antorcha de redstone

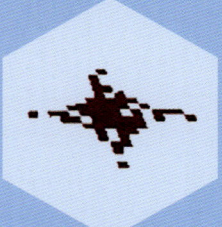

Polvo de redstone

Repetidor de
redstone

Comparador de
redstone

Palanca
de redstone

¿QUIÉN? ¿QUÉ? ¿DÓNDE?

Para poder usar la redstone, necesitas antes conocer las herramientas básicas. Entre las imágenes de arriba verás un bloque de redstone y una antorcha de redstone: ambos actúan como fuentes de energía. También verás polvo de redstone, que puede usarse como un cable de energía entre componentes. Además, están el repetidor de redstone y el comparador de redstone –ambos modifican la señal del polvo de redstone– y una palanca, que es un tipo de componente que puede encender o apagar las fuentes de energía.

ENERGÍA DE REDSTONE

Las fuentes de energía de redstone emiten una señal de intensidad 15. Aquí se ha usado una lámpara de redstone para mostrar que, si una fuente de energía está a más de 15 bloques, la lámpara no recibe energía. Un repetidor puede emitir un nuevo valor de 15, lo que te permite extender tus circuitos más allá de esos 15 bloques.

CÓMO SE PROPAGA LA ENERGÍA

Las antorchas de redstone no dan energía al bloque en el que están colocadas, pero sí a los bloques de encima y al lado de ellas. Un bloque llenado de energía por una antorcha de redstone también puede emitir él mismo energía.

La redstone de la derecha no encenderá ninguna lámpara. Pero la redstone de la izquierda sí puede alimentar las lámparas que la rodean, las cuales a su vez alimentan las lámparas que tienen justo al lado. También vemos energía que llega a la lámpara a través de polvo de redstone.

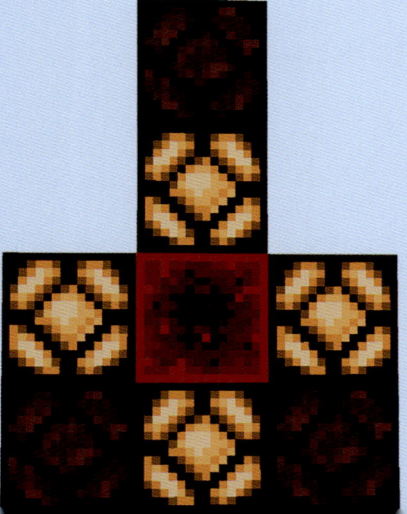

BLOQUE DE REDSTONE

Un bloque de redstone alimenta los bloques con los que entra directamente en contacto y puede también enviar energía a través del polvo de redstone.

ACCIONA EL INTERRUPTOR

Una palanca puede usarse para alimentar un bloque, lo que a su vez puede activar directamente un componente de redstone como una lámpara. Resulta muy práctico simplemente como un interruptor de luz.

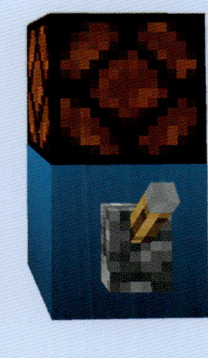

POLVO DE REDSTONE

El polvo de redstone puede enviar energía sólo a ciertos bloques. Aquí vemos que no alimentará objetos por encima de él o junto a él en el suelo, pero sí enviará energía directamente a un bloque concreto o a un bloque que esté junto a él, dentro el suelo.

Esto se debe a que el polvo de redstone está alimentando el bloque de abajo, que a su vez está conectado a la lámpara. Un repetidor o comparador puede tomar una señal de ahí y luego usarse para alimentar un bloque.

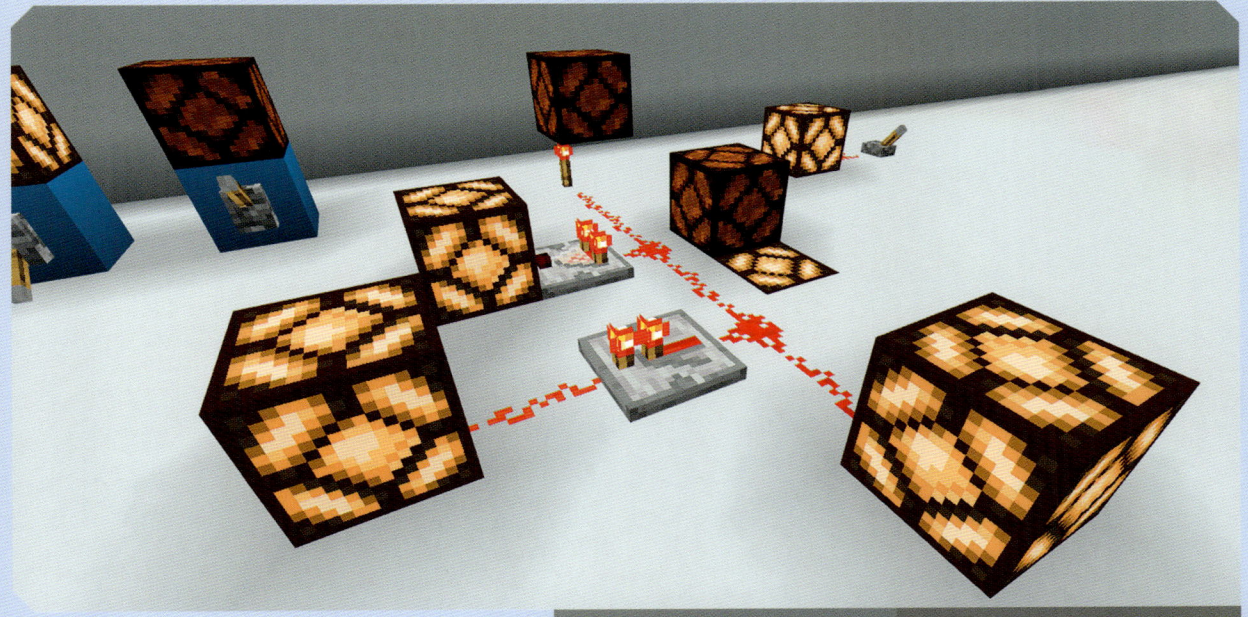

Conectar polvo de redstone desde un interruptor hasta una lámpara puede servir para alimentar de energía o retirar la energía a tu polvo de redstone, funcionando exactamente como un interruptor de encendido/apagado.

APAGADO | ENCENDIDO

COMPARADORES

Un comparador es un dispositivo único que puede medir la intensidad de más de una señal y luego emitir una cantidad de energía diferente, según su configuración.

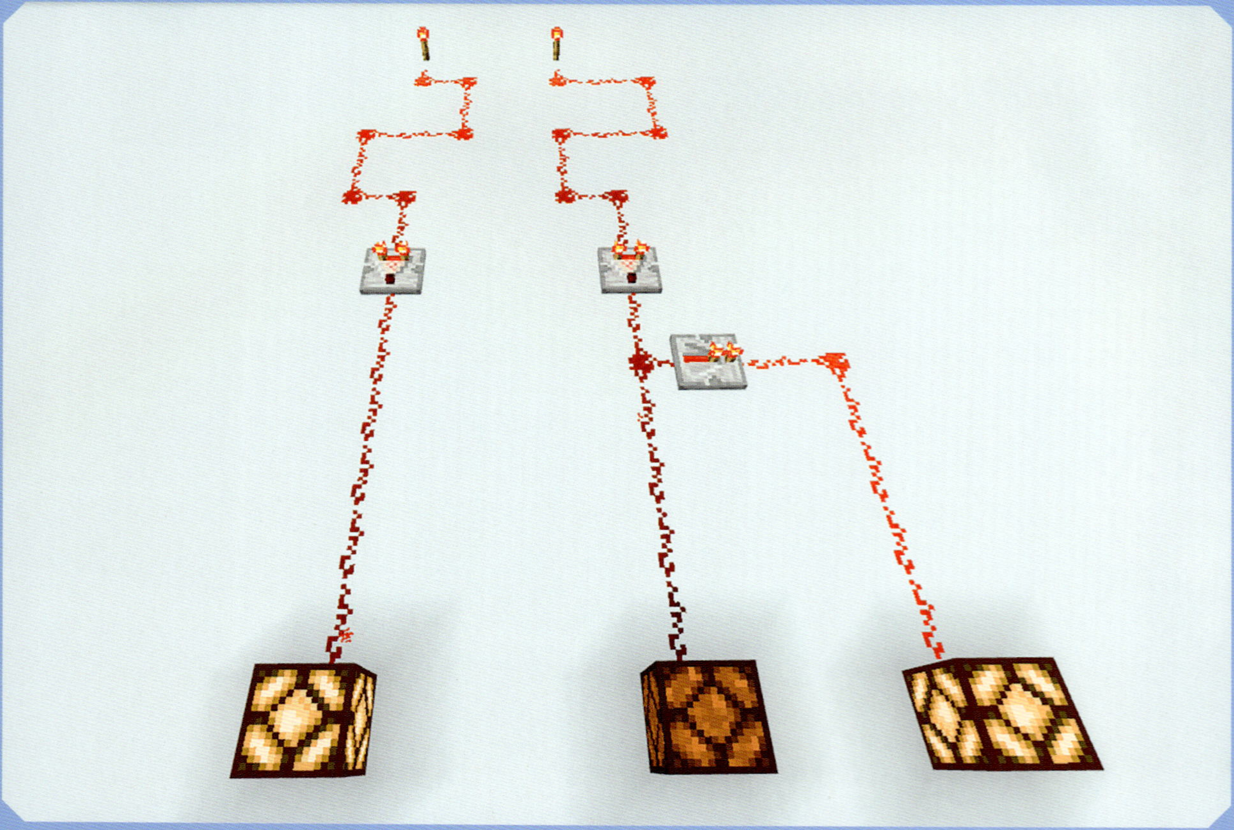

Mientras que un repetidor podrá emitir una señal con fuerza 15, un comparador no: los comparadores emiten señales con la misma intensidad que la que reciben. En el lado izquierdo, la línea de polvo de redstone desde la fuente de energía hasta el comparador tiene una longitud de 9, lo que significa que está recibiendo una señal con fuerza 6 ($15 - x = y$). Esto quiere decir que emite una señal con fuerza 6, suficiente para alcanzar la lámpara.

Sin embargo, la lámpara del medio no está encendida. Esto se debe a que la línea de redstone desde la fuente de energía hasta el comparador tiene una longitud de 5, lo que implica que la salida de señal es de 5 y, por lo tanto, no tiene la fuerza suficiente para llegar a la lámpara.

Puedes ver que el repetidor a la derecha, aun recibiendo una señal débil del comparador, consigue emitir una señal completa con fuerza 15.

MODO RESTAR

Los comparadores tienen dos modos: modo normal y modo restar. En el modo restar, cuando la luz del frente está encendida, el comparador emitirá una señal basada en restar la señal que entra por detrás menos la que entra por el lateral. En este caso, recibe 8 de la fuente de energía y 6 desde el lateral, (8 − 6 = 2), por lo que emitirá una señal de intensidad 2.

CIRCUITOS COMPLEJOS

No te preocupes si todo esto resulta complicado al principio. Puedes experimentar con redstone hasta que consigas manejarla.

Aquí puedes ver que al activarse una línea de redstone más larga, la segunda lámpara pierde energía, ya que ahora la salida es más débil, es decir, la resta queda en negativo.

Repasemos algunas otras cosas que puede hacer la redstone y empezarás a ver cómo usar toda esta información...

PULSO RÁPIDO

Los botones también pueden usarse para alimentar bloques. Aquí mostramos que un botón colocado en un bloque adyacente a un pistón puede transmitir energía. También se puede colocar directamente sobre el pistón. Sin embargo, la energía dura sólo unos instantes, así que los botones son ideales para enviar pulsos breves por un circuito.

PLACAS DE PRESIÓN

Las placas de presión pueden usarse también del mismo modo. Las placas de madera se pueden activar simplemente dejando caer un objeto encima.

OBSERVADORES

Un observador detectará cualquier cambio en el bloque frente a él y emitirá un pulso de redstone, que alimentará de energía lo que esté detrás.

EN EL BLANCO

Una diana también emitirá una señal si es alcanzada por una flecha. De hecho, cuanto más cerca del centro des, más fuerte será la señal. Si aciertas en el blanco, se enviará la máxima energía al objeto al que la hayas conectado.

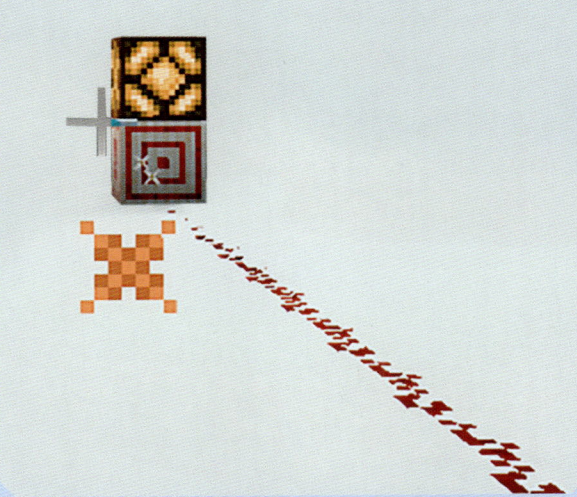

GANCHO DE CUERDA

Un gancho de cuerda también emite una señal de redstone si un jugador la activa o la rompe (salvo si usa tijeras).

¡SUELTA ESE CERDO!

Los soltadores y dispensadores son componentes geniales de redstone que tienen muchos usos. Ya sea para preparar sorpresas, trampas mortales o equipar minijuegos, un «soltador», simplemente, suelta un objeto. Al colocar un huevo de cerdo dentro y activar el soltador con una palanca, éste soltará el huevo. Un «dispensador», en cambio, hará aparecer al cerdo. También puede lanzar proyectiles como flechas o fuegos artificiales. Son trampas estupendas si se combinan con placas de presión o ganchos de cuerda.

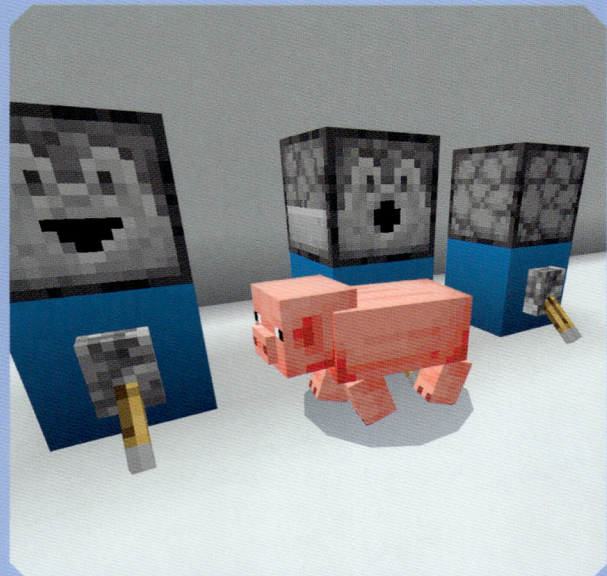

SENSOR DE LUZ SOLAR

Un sensor de luz solar puede identificar la hora del día y emitir una señal de redstone según su configuración. Aquí está en modo nocturno, así que sólo emite energía por la noche. Es ideal para establecer límites de tiempo en juegos por equipos.

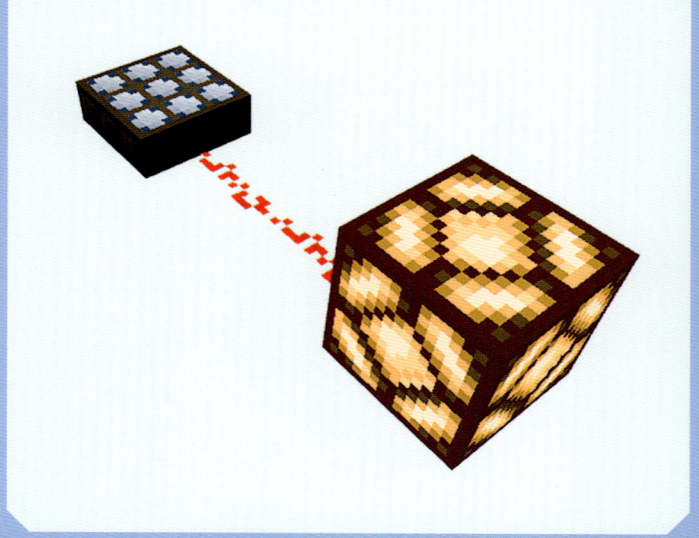

PREPARA UNA BROMA

Los comparadores también pueden extraer energía redstone de otros objetos. Un comparador puede recibir energía de un cofre, pero la señal depende de cuántos objetos haya dentro del cofre. El cofre de la izquierda está vacío, así que no emite señal, mientras que el de la derecha sí tiene objetos y por tanto genera energía.

EL PODER DE LAS PÁGINAS

Con un atril, la señal emitida por éste depende del libro y del número de páginas. Un libro de 15 páginas puede emitir hasta 15 niveles distintos de señal, según en qué página esté abierto. Algo bastante suculento si quieres preparar un susto sorpresa para tus amigos...

EN REMOTO

Aunque las palancas y botones pueden usarse para abrir puertas y trampillas, el polvo de redstone permite hacerlo a distancia. Recuerda que la redstone no tiene por qué estar a un solo nivel: puedes construir circuitos hacia arriba y hacia abajo, como muestra este diseño.

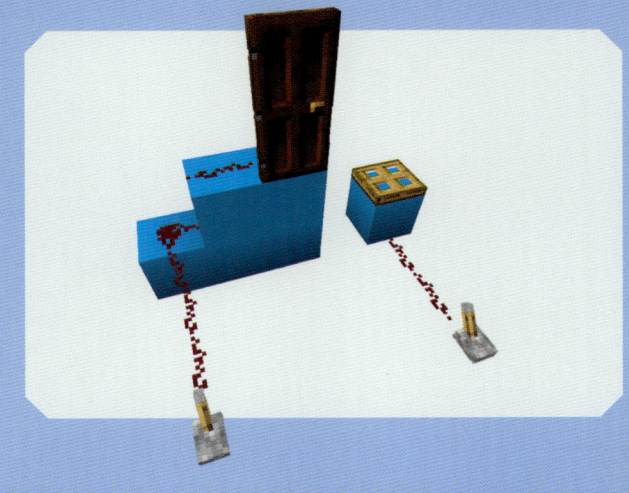

SÚBETE A LOS RAÍLES

No es ninguna sorpresa que las vagonetas de *Minecraft* puedan usar raíles de redstone. Estos raíles permiten que tus carritos realicen diferentes funciones. Un raíl propulsor empujará tu carrito, pero sólo durante unos pocos bloques, por lo que necesitarás varias fuentes de energía a lo largo del recorrido si quieres llegar muy lejos.

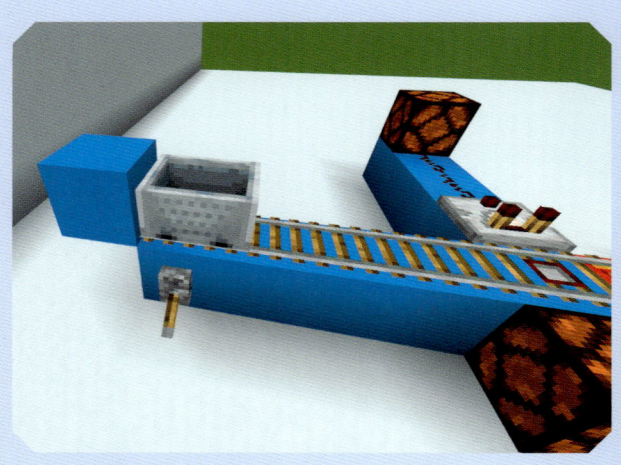

RAÍL DETECTOR

Un raíl detector hace exactamente lo que su nombre indica: cuando una vagoneta pasa por encima, la detecta y envía una señal. Puedes ver que la lámpara se enciende cuando la vagoneta está sobre el raíl.

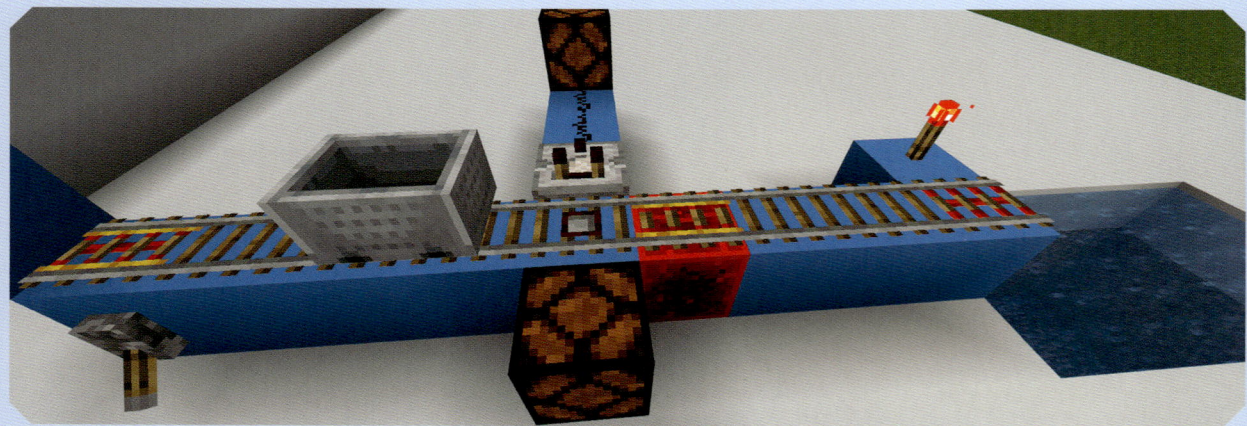

COFRE SOBRE RUEDAS

Un comparador puede usarse para obtener energía de vagonetas con cofres, proporcional a la cantidad de objetos que haya en su interior.

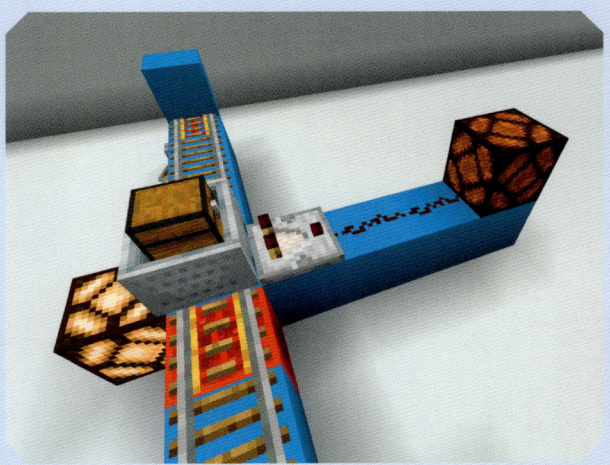
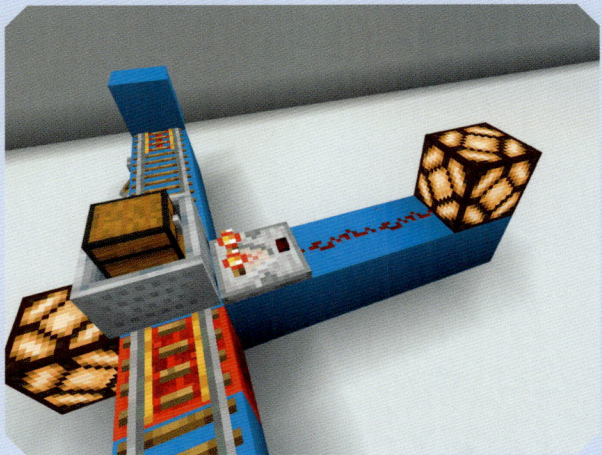

¡FINAL EXPLOSIVO!

Un raíl activador se explica por sí mismo: al pasar una vagoneta sobre él, ésta recibe un impulso. Así que una vagoneta que lleve dinamita se activará al pasar por encima de este raíl.

DESAFÍOS DE CONSTRUCCIÓN DEFINITIVOS

¿Te animas a hacer algo diferente? ¿Una construcción que vaya un paso más allá? Prueba uno de nuestros desafíos de construcción: te daremos cierta inspiración, pero cuanto más original e inventivo seas, ¡mejor quedará tu obra!

DESAFÍO 1:
PORTAL DEL NETHER

Un portal del Nether puede tomar cualquier forma. Así que...
¿por qué no darle una forma espectacular?

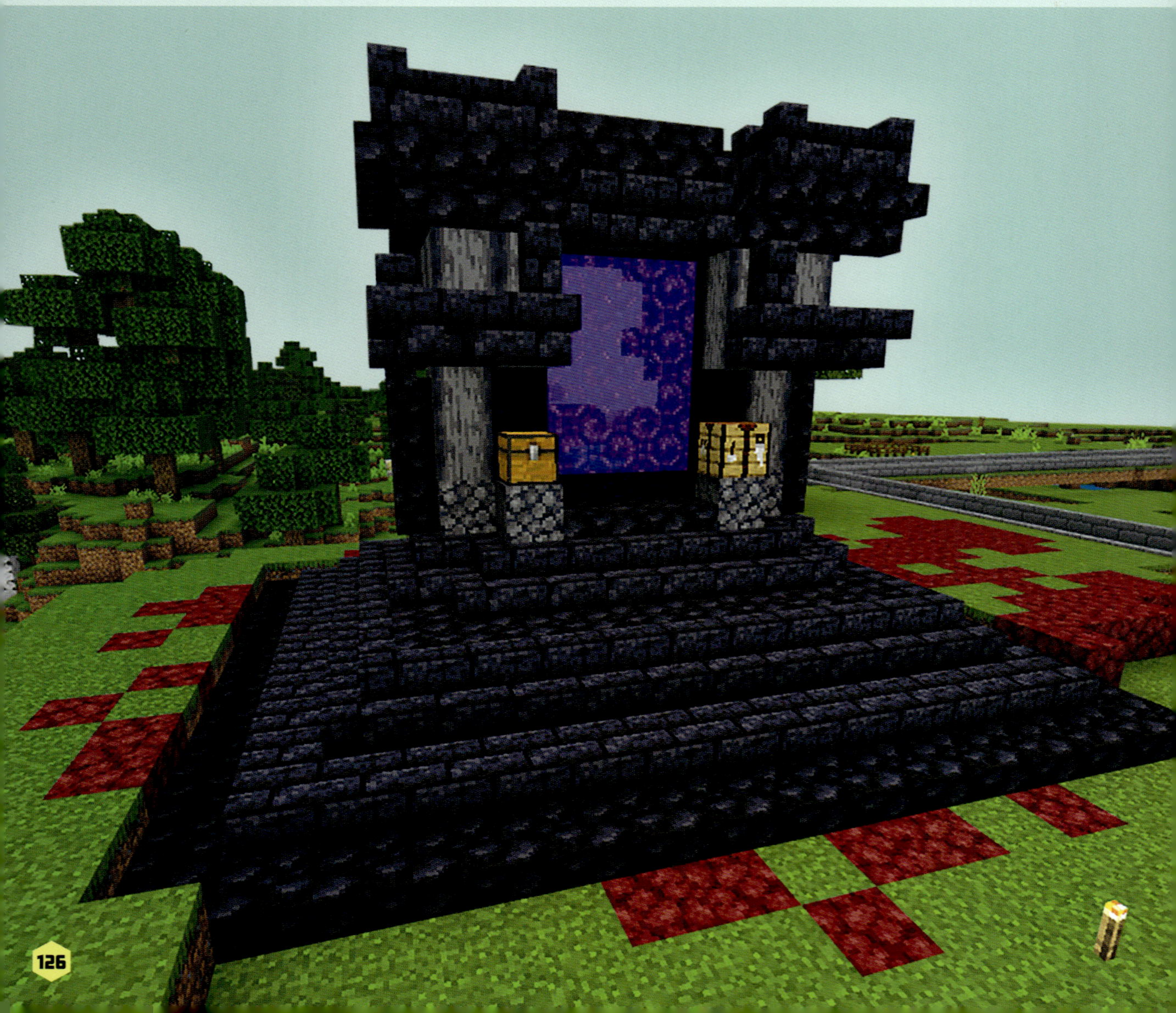

UN TOQUE TENEBROSO

Un portal del Nether ya de por sí evoca una vibra oscura –por ejemplo, éste utiliza una mezcla de piedra negra y pizarra profunda– y es también el lugar ideal para aplicar tus habilidades de islas flotantes, en este caso sobre un pozo de lava. ¡Parece calentito!

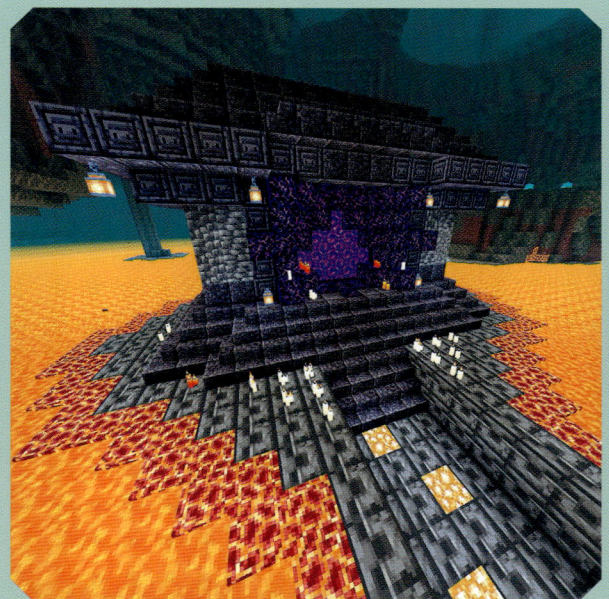

CONSTRUIDO POR: **EVERYTHINGBURRITO1**

PORTAL EXPANDIDO

La obsidiana llorosa combina muy bien con los colores del portal y este diseño la utiliza para rodearlo, haciendo parecer que el portal se expande. Las velas le dan un aire solemne y ceremonial.

PORTAL MISTERIOSO

Este diseño es perfecto para un rincón apartado del bosque, con sus enredaderas creciendo por todas partes. De nuevo, se han usado detalles en tonos morados para hacer eco del color del portal: cristal tintado en el suelo y amatistas en las esquinas, que lucen genial contra el fondo verde.

DESAFÍO 2:
PARQUE DE ATRACCIONES

¡Para este desafío tendrás que inventar las más alocadas atracciones! Es más barato que ir a las de verdad...

MONTAÑA RUSA

Ésta es una de las cosas más divertidas de construir en *Minecraft,* ya que los raíles y las vagonetas funcionan y permiten subirse de verdad una vez terminada. Pero... ¿qué más podrías añadir? ¿Túneles espeluznantes llenos de monstruos, quizás? ¡Inventa recorridos alocados para este reto lleno de color! Y es más barato que ir a un parque de verdad...

LA NORIA

¡Hora de desenfundar tus habilidades con círculos! Cuanto más grande sea tu noria, más suave y realista será su forma. Si quieres un proyecto realmente avanzado, puedes usar modificadores para crear una rueda de la fortuna que gire de verdad...

DESAFÍO 3:
ARTE ADORABLE

¡Di sí al arte bidimensional!

¡MIRA ESTO!

Crear arte bidimensional en *Minecraft* te permite trabajar con otro estilo. Básicamente es arte en píxeles, ideal para imágenes atrevidas y de estilo caricaturesco. El mejor material para esto es el hormigón de colores, aunque puedes hacer probaturas con otros materiales. Puedes construirlo en el suelo, en una pared o como estructura independiente.

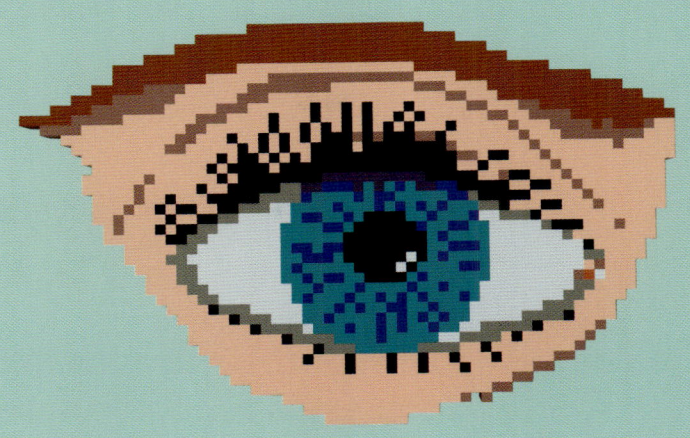

UNICORNIO ARCOÍRIS

El arte adorable es una buena excusa para usar muchos colores, algo que probablemente no harías en una construcción común. Fíjate cómo las mechas del arcoíris en la melena del unicornio no tienen todas el mismo ancho, porque el pelo real no cae de forma uniforme, sobre todo cuando ondea y se curva así.

PULPO

Un poco de sombreado puede darle forma a tu diseño. Éste utiliza el magenta como color principal, rosa para simular la luz desde la esquina superior derecha y púrpura para crear sombra en el lado opuesto. El cian, como se ve en el delfín de la izquierda, también funciona bien con los dos bloques azules para representar luz y sombra.

DESAFÍO 4:

PUENTES

No te quedes de brazos cruzados, ¡cruza! Expande tus espacios con estas espectaculares estructuras.

PUENTE CUBIERTO

Los puentes no tienen por qué ser abiertos: puedes añadirles más estructura. Este diseño, con su dosel y faroles, se parece a uno que podrías encontrar en un jardín de estilo chino. La mezcla de muros de piedra con musgo y vallas de madera crea un efecto inusual y llamativo.

CONSTRUIDO POR: EVERYTHINGBURRITO1

PUENTE ENTRE COPAS DE ÁRBOLES

Este puente conecta una cabaña en la copa de un árbol con otra, elevándose poco a poco para compensar la diferencia de altura entre una y otra. Usar sólo madera permite que el puente y las cabañas se integren con el entorno. Podrías crear toda una red de este tipo de puentes.

PUENTE EN CAVERNA

Este puente se integra perfectamente con su entorno al estar hecho de piedra y vegetación colgante. Elevando el muro de ladrillo sobre una serie de postes consigues un efecto distinto al del típico muro. Los bloques de amatista en los soportes le añaden un toque especial.

CUESTIONARIO DE *MINECRAFT* CREATIVO

PON A PRUEBA TU CONOCIMIENTO

Así que crees que conoces el modo Creativo...
Ahora lo comprobaremos. Si te atascas,
puedes volver a revisar el libro.

01 ¿Cuáles son las tres principales ventajas del modo Creativo?

02 ¿Cuántas categorías principales de bioma existen?

03 ¿Cómo se llama la dimensión principal de *Minecraft*?

04 ¿Cómo se llaman las otras dos dimensiones del juego?

05 ¿Qué modo impide que aparezcan criaturas?

06 ¿Qué tres letras representan tus coordenadas al usar el comando «fill»?

07 Al escribir coordenadas, ¿qué símbolo puedes usar para referirte a tu propia posición?

08 Nombra cinco tipos de madera que puedas encontrar en *Minecraft*.

09 ¿Qué dos tipos de bloques de piedra pueden tener musgo?

10 ¿Qué tipo de modificador se puede usar para cambiar la iluminación de un mundo *Minecraft*?

11 ¿Cómo se puede hacer un tocadiscos?

12 ¿Por qué los cráneos son buenos adornos?

13 ¿Qué alimento se puede cortar en porciones?

14 ¿Cómo puedes crear un sistema de aire acondicionado?

15 ¿Qué juego inspiró la mazmorra en el cielo de la sección «Islas flotantes»?

16 ¿Qué bloques otorgan profesiones a los aldeanos?

17 ¿Qué dos tipos de aves hay actualmente en *Minecraft?*

18 ¿Qué bloque absorbe agua?

19 ¿Qué tipo de bloque tiene el patrón más decorativo?

20 ¿A qué distancia deben estar las hojas de un tronco para no desaparecer?

21 ¿Cómo se puede impedir que un brote crezca?

22 ¿Cuál es la intensidad de señal de una fuente de energía de redstone?

23 ¿Dónde se debe colocar un bloque para que reciba energía de una antorcha de redstone?

24 ¿Cuáles son los dos modos de un comparador de redstone?

25 ¿Cuál es la diferencia entre un soltador y un dispensador?

26 ¿Qué determina la potencia de un atril cuando está conectado a un circuito de redstone?

27 ¿Qué se puede colocar en una vagoneta para que un comparador obtenga energía?

28 ¿Qué dos colores se pueden usar para dar sombra a una pieza de arte adorable hecho con hormigón magenta?

SOLUCIONES

1 No puedes morir, tienes materiales ilimitados y puedes volar.

2 Siete.

3 La Superficie.

4 El Nether y el End.

5 El modo Pacífico.

6 X, Y y Z.

7 La virgulilla: ~.

8 Cualquiera de estos cinco: roble, abeto, abedul, jungla, acacia, roble oscuro, carmesí, deformado o mangle.

9 Adoquines y ladrillos de piedra.

10 Los shaders.

11 Colocando un disco de música en un marco de objeto.

12 Porque pueden colocarse en diagonal.

13 El pastel.

14 Coloca cuatro raíles de vagoneta en círculo.

15 *Elden Ring.*

16 Bloques de estación de trabajo.

17 Loros y gallinas.

18 La esponja.

19 Terracota vidriada.

20 A seis bloques del tronco.

21 Plantándolo en una maceta.

22 De 15 bloques.

23 Encima o a su lado.

24 Modo normal y modo restar.

25 Un soltador simplemente soltará el huevo; un dispensador liberará la criatura.

26 El número de páginas del libro colocado en el atril.

27 Un cofre.

28 Rosa y púrpura.

TU LISTA DE CONSTRUCCIONES

Tu edificio favorito de
tu propia ciudad ....

Un rascacielos de diez pisos
con una piscina en la azotea ....

Un globo aerostático con vistas
a las montañas ....

Un hotel de lujo junto a la playa ....

Un castillo o palacio en una isla flotante ....

Una base submarina con su propio portal del Nether .... ☐

Una cabaña en el árbol gigantesca .... ☐

Una cafetería para gatos .... ☐

Un teatro o un estadio deportivo .... ☐

Una estatua de un amigo, un familiar o una mascota .... ☐

Una estatua de ti mismo... ¡en la que puedas vivir dentro! .... ☐

Una montaña rusa de más de veinte pisos de altura .... ☐

AGRADECIMIENTOS

Queremos dar las gracias a los siguientes constructores, creadores de las increíbles construcciones que aparecen en *La guía definitiva del modo creativo de Minecraft*:

Ben Westwood	CamberPlays
Sophie Pierce	Leshagloom
James Anderson	DrTobias_Fuenke
NickHmc	Bouli310
Tomonmars	SquishyMessesHappen
Gabriel Robson Spooner	TytaRex
Everythingburrito1	2niau
Moofiemoof	CapPengu_YT
Wolfgang_cowboy	PPLLAYZ